KB139491

김학중 목사의 CBS 희망특강

당신은 언제나 희망입니다

김학중 지음

김학중 목사의 CBS 희망특강
당신은 언제나 희망입니다

펴 냄   2006년 2월 1일 1판 1쇄 박음 ㅣ 2006년 3월 1일 1판 2쇄 펴냄
지은이   김 학 중
펴낸이   김 철 종
펴낸곳   (주)한언
          등록번호 제1-128호 / 등록일자 1983. 9. 30
주 소   서울시 마포구 신수동 63-14 구 프라자 6층(우 121-854)
          TEL. 02-701-6616(대) / FAX. 02-701-4449
책임편집   장성길 skjang@haneon.com
디자인   이정아 jalee@haneon.com
홈페이지   **www.haneon.com**
e-mail   haneon@haneon.com
          저자와의 협의하에 인지 생략
          ⓒ 2006 김학중
이 책의 무단전재 및 복제를 금합니다.
잘못 만들어진 책은 구입하신 서점에서 바꾸어 드립니다.

ISBN 89-5596-314-9 03320

김학중 목사의 CBS 희망특강

당신은 언제나 희망입니다

신앙은 사람을 길 위에 세우고
희망은 사람들이 계속 그 길을 가도록 만듭니다.

To _____

_____

_____

_____

_____

From _____

감추어진 보물, 희망을 찾아서

신앙은 사람을 길 위에 세우고, 희망은 사람들에게 계속 그 길을 가도록 만들며,
사랑은 실제로 이 세상이 돌아가도록 만든다.
_ 윌리엄 솔로언 코핀

　지금 당신은 어떠한 희망을 가슴에 품고 살아가고 있나요? 혹
시 희망이라는 단어 자체가 낯설고 나와는 아무 관계없는 것처럼
느껴지지는 않는지요?
　사회 이곳저곳에서 불거져 나오는 절망의 소리들로, 우리 내면
의 '희망'이라는 꽃은 점점 시들어져 가는 것 같습니다. 하지만
이 꽃을 살리는 다른 방법은 없습니다. 오직 희망을 다시 되찾는
것 밖에는요. 전 희망을 잃어가는 사람들에게 희망을 심어주는
것, 즉 희망 메신저의 삶을 사는 것이 제 소명이라고 생각합니다.
그래서 부족하지만 전 〈CBS 희망특강〉이라는 코너를 통해 많은
시청자들과 함께 잃어버린 희망찾기에 나섰습니다. 그리고 많은
시청자들의 강력한 요구에 의해 방송에 나온 특강 중 일부를 희망
의 글로 다시 옮깁니다.
　우리는 인생을 살아가면서 '이런 사람이 되어야지' 또는 '이런

일을 해야지' 하는 등의 희망을 이야기하곤 합니다. 하지만 그 희망 뒤에는 언제나 절망이라는 고통도 함께 도사리고 있는 법이지요. 절망하지만 다시 희망을 보면서 앞으로 나아가고, 다시 절망하고, 다시 일어서고… 이렇게 희망과 절망의 반복을 거듭하며 우리는 한 걸음 한 걸음 앞으로 나아갑니다. 이것은 어쩌면 모든 인간들의 감당해야 할 숙명인지도 모릅니다. 하지만 한 가지 반가운 소식은, 우리 삶에서 절망보다는 희망의 비율을 높게 만드는 것은 개인의 역량이라는 것입니다. 이 글을 통해 희망의 비율을 높일 수 있는 여러분의 역량이 더욱더 강화되었으면 좋겠습니다.

인생을 살아가면서 맞이하는 가난, 역경, 실패, 실의는 한번쯤은 겪어야 할 홍역입니다. 그러나 인간이 미래에 대한 비전, 즉 희망을 잃는다는 것은 인생의 막다른 절벽에 서 있는 것과 다름없습니다. 사탄이 인간을 유혹할 때 가장 효과적인 방법은 '너에게는 미래가 없다. 그래서 어떠한 꿈도 꿀 수 없다'라고 말하는 것이랍니다. 어려운 삶 속에서도 악착같이 살아갈 수 있는 힘의 원동력이 바로 미래의 꿈, 희망이기 때문입니다. 그 희망이 없다는 말은 꿈이 없다는 말과 같고, 그것은 곧 사망선고입니다.

어렵지만 모두가 희망에 대한 모티브를 스스로 만들어야 합니다. 희망은 바로 사람이 찾아서 얻는 보물과 같습니다. 이 책을 통해 그 희망이라는 보물을 찾으십시오. 희망은 삶이 극단적으로 피곤할 때, 육체적으로 피폐해졌을 때 인간이 누릴 수 있는 구원의 빛입니다. 현재의 여건이 어렵다고 희망의 동아줄을 놓는다면, 그건 도피일 뿐입니다.

고통을 인내하고 극복하는 눈물은 바로 희망의 씨앗인 것입니다. 모든 것을 다 잃어도, 단 하나 희망은 놓아서는 안 됩니다. 그 희망이라는 줄을 놓아서는 안 될 이유를 이 책에서 저는 쉼 없이 이야기할 것입니다.

　또한 이 책에서 저는 이야기 하고자 합니다. 희망을 가지고 앞으로 나아갈 때 희망에 알맞은 행동을 하라고요. 당신의 희망을 행동으로 옮겨 실천해 보시기 바랍니다. 그러면 실망이 줄어들 것입니다. 행동은 실천입니다. 그리고 실천은 현실입니다. 과거는 영원히 과거로 남아있고 미래는 당신이 죽는 그날까지 언제나 미래로 남아 있을 것입니다. 행동이나 실천은 언제나 현재에서 일어납니다. 현재는 실망이 없습니다. 당신이 그 안에 욕심이 생길 때부터 실망은 시작됩니다. 희망을 잃은 많은 사람들에게 이 책은 힘이 되고 희망 그 자체가 되길 원합니다. 저의 희망찾기는 앞으로도 계속 될 것입니다. 힘들겠지만 포기하지 말고 같이 이 길을 걸어 나갑시다.

- 희망 메신저 김학중

□ 추천사

희망의 장갑

내가 천국 열쇠를 네게 주노니 네가 땅에서 무엇이든지 매면 하늘에서도 매일 것이요,
네가 땅에서 무엇이든지 풀면 하늘에서도 풀리리라 하시고
_ 마태복음 16:19

    사람의 손에 끼워지지 않은 장갑은 힘이 없습니다. 그러나 누군가에 의해 끼워진 장갑은 자동차를 운전하고 맛있는 음식을 만들기도 하고 병자를 수술합니다. 우리의 삶에 있어서 '희망'도 이 장갑과 같지 않을까 생각합니다. 희망 장갑을 끼고 있기에, 어떠한 어려움과도 싸워 이기고, 불가능할 것처럼 보이던 일, 도저히 내 힘으로 할 수 없을 것만 같았던 일도 어느새 해결하는 것 같습니다.

    우리의 시각으로는 좀처럼 희망을 발견하기가 쉽지 않은 대립과 반목, 전쟁과 기근이 넘쳐나는 이 세대. 그러나 어떠한 상황에서도 우리에게 희망의 장갑을 끼워주시는 분, 예수님이 계십니다. 실패하고 낙심하여 희망 한 줌 발견할 수 없을 그때에도 주님은 우리를 위로해주시고 일어나 세상을 향해 전진할 수 있는 힘을 주십니다.

김학중 목사님이 이야기하는 '희망', 바로 희망의 예수님이십니다. 팔레스타인 조그만 시골에서 창녀, 병자, 그리고 세리 같은 자들과 친구가 되셨고 기존의 유대 공동체의 불의를 온 몸으로 껴안으셨던 주님은 만나는 사람 사람에게 희망의 장갑을 끼워주셨고, 다시 일어설 수 있는 힘을 주셨습니다. 희망은 여러분과 항상 함께 있습니다. 김 목사님이 말하는 정직, 선택, 용기, 행동, 변화는 희망을 발견하기 위한 하나의 절차일 뿐, 이 모든 것을 다 우리가 다 갖추어야 하는 것은 아닙니다. 희망은 여러분의 선택입니다.

　　출간을 진심으로 축하드리며 이 책을 읽는 모든 이들에게 임마누엘의 크신 은혜가 더욱 함께 하시길 기도합니다.

- 김장환 (목사, 극동방송 사장)

차 례

| Integrity

제1부 정직이 주는 행복한 선물

1. 작은 일을 소중히 여기는 사람이 성공합니다   **17**
2. 정직만큼 풍부한 재산은 없습니다   **26**
3. 남을 섬길 줄 아는 인생은 아름답습니다   **33**
4. 칭찬은 깨끗한 자의 몫입니다   **42**
5. 진실한 마음에서 진실한 감사가 나옵니다   **50**

| Choice

제2부 지금 선택은 미래의 내 모습

6. 주님께 매어 있는 삶을 선택할 때 진정한 자유를 얻습니다 **57**
7. 긍정적인 시각을 선택하는 사람이 성공합니다   **64**
8. 사실에 사랑을 더한 삶이 진실한 삶입니다   **74**
9. 어떤 해석을 선택하느냐에 따라 인생이 달라집니다   **82**
10. 내 것을 비우는 선택을 해야 합니다   **88**

제3부 환경을 극복하는 용기

11. 말에 지배받지 않는 삶은 용기 있는 삶입니다   **97**

12. 받아들이는 삶에 달콤한 안식이 있습니다   **106**

13. 순간보다는 영원을 생각하는 용기가 필요합니다   **113**

14. 배워서 남주는 삶이 아름답습니다   **119**

15. 용기 있는 삶을 살기 위해서는 변화해야 합니다   **127**

제4부 지금 당장 움직이는 삶

16. 예수의 제자가 되어 배웁시다   **135**

17. 한 우물을 파는 삶을 삽시다   **142**

18. 크고 넓은 마음을 가집시다   **149**

19. 깊이 있게 생각하고 깊이 있게 행동합시다   **156**

20. 사랑이 우리를 움직이게 합니다   **163**

제5부 더 높은 곳을 향한 **변화**

21. 환경을 바꾸는 힘은 당신에게 있습니다   **173**

22. 생각이 당신의 인생을 바꿉니다   **181**

23. 유치한 순종이 당신과 세상을 변화시키는 힘이 됩니다 **187**

24. 남들과 조금 다른 생각이 세상을 변화시킵니다   **195**

25. 변화의 시작은 내가 좋아서 일할 때부터입니다   **202**

1 INTEGRITY
정직이 주는 행복한 선물

예수님처럼 정직할 때, 성공한 인생을 살 수 있습니다. 지금 당장 큰 열매가 안 보인다고 해도 모든 일을 정직하게 행하시길 바랍니다. 아무리 그 결과가 크고 화려할지라도 방법이 잘못되었으면 그 성공은 결코 오래가지 못하고, 결국 당신을 비참하게 만들 것입니다.

01

작은 일을 소중히 여기는 사람이 성공합니다

작은 일을 훌륭히 해내면 큰일은 자연히 결말이 난다.
_데일 카네기

법률학자 터틀리안은 '인물은 낳는 게 아니라 만드는 것이다'라고 말했습니다. 태어난 그대로 평생 동안 살아야 한다면 그것은 인생이 아닙니다. 자랐던 환경이 어렵고, 어제까지는 힘들었지만 '오늘은 좋은 날이 될꺼야' 라는 소박하지만 간절한 기대가 우리에게 하루를 살아가는 힘을 줍니다.

달란트는 쓰기 위해 주어진 것입니다

성경에 보면 달란트에 관한 이야기가 나옵니다. 한 부자가 집을 떠나기에 앞서 종들을 불렀습니다. 그리고 그들의 능력에 맞게 각각 재산을 나눠주었습니다. 한 종에게는 다섯 달란트(그 당시 은이나 화폐의 가치를 측정하는 수단)를, 다른 한 종에게는 두 달란트를, 나머지 한 종에게는 한 달란트를 주었습니다. 그리고 부자는 외국으로 여행을 떠났습니다.

다섯 달란트와 두 달란트를 받은 종은 그 돈으로 장사를 하여 두 배의 이윤을 남겼습니다. 그러나 한 달란트를 받은 종은 그 돈을 땅 속에 감춰두었습니다.

세월이 지나 여행에서 돌아온 부자는 종들을 불러 그동안 그 돈을 가지고 한 일을 보고받았습니다. 먼저 다섯 달란트 받은 종이 다섯 달란트를 더 가지고 와서 말했습니다.

"주인님, 당신이 다섯 달란트를 주셨는데 제가 장사를 해 다섯 달란트를 더 남겼습니다." 그러자 부자가 크게 기뻐하며 말했습니다. "잘하였구나! 착한 종아. 네가 작은 일에 충성하였으니 내가 너에게 더 많은 것을 맡길 것이다. 이제 나와 함께 즐기자."

그다음, 두 달란트 받았던 종이 앞으로 나왔습니다.

"주인님, 당신이 두 달란트를 주셨는데, 보십시오! 제가 두 달란트를 더 남겼습니다!"

역시 부자는 몹시 기뻐하며 말했습니다.

"잘하였구나! 착한 종아. 네가 작은 일에 충성했으니 이제 내가 너에게 더 많은 것을 맡길 것이다. 그러니 와서 나와 함께 먹고 마시자."

마지막으로 한 달란트를 받았던 종이 앞으로 나와 말했습니다.

"주인님, 당신은 마음이 굳은 사람이라고 들었습니다. 저는 주인님이 주신 돈을 잃을까 두려워 달란트를 땅속에 감춰두었습니다. 보십시오. 여기 당신이 주신 한 달란트가 있습니다. 이것은 당신의 것이니, 이제 다시 받으시옵소서."

하지만 부자의 대답은 냉담했습니다.

"너는 참으로 게으른 종이구나. 내가 굳은 사람이라는 걸 네가 이미 알고 있었느냐? 그렇다면 너는 마땅히 내가 준 달란트를 이용해 이자를 남겨야 하지 않느냐? 여봐라, 이 종에게서 그 한 달란트를 빼앗아 열 달란트를 가진 자에게 주어라. 무릇 있는 자는 받아 풍족하게 되고, 없는 자는 그 있는 것까지 빼앗기리라. 이 쓸모없는 종을 어두운 바깥으로 내쫓아라!"

성공은 하나님이 주시는 선물입니다

성공은 하나님이 사람들에게 주시는 선물입니다. 성경에 수없이 나오는 축복이라는 단어는 성공의 다른 말인 셈이죠. 그래서 성공은 천박한 단어가 아닌 하나님이 우리에게 주시는 은총입니다. 하나님에게 붙들렸던 사람들은 성공한 사람입니다. 어떻게 보면 매우 단순한 이 달란트의 비유 속에는 성공의 비밀이 담겨 있습니다. 자, 무엇이 성공의 지름길입니까? 어떻게 살아야지 성공한 인생이라는 말을 들을 수 있을까요? 오늘 세 종들의 삶을 통해서 성공의 속성에 대해 이야기해봅시다.

결론부터 이야기하자면, 성공은 '기회'를 활용하는 것이라고 정의할 수 있습니다. 주인이 종들에게 달란트를 맡겼다는 것은 그들에게 기회를 준 것입니다. 그런데 두 종은 주어진 기회를 잘 활용했지만, 한 종은 그 기회를 땅속에 묻어버렸습니다. 주인이 그에게 준 기회를 대수롭지 않게 생각했기 때문입니다. 아니 어쩌면 처음부터 그것이 기회인지 몰랐을 수도 있습니다. 성경은 우리에게 주님께 받은 기회를 활용했을 때 성공할 수 있다고 이야기합니다.

하나님께서는 지금도 우리에게 수많은 기회를 주고 계십니다. 바로 하루라는 '시간의 기회'를 말이죠. 시한부 인생을 사는 사람에게 하루라는 시간이 얼마나 소중한지 모릅니다. 그뿐 아닙니다. 하나님은 우리에게 건강과 일 등 미처 다 깨닫지 못하는 엄청난 기회를 주십니다. 그리고 그 일을 감당할 수 있는 지혜를 우리에게 함께 주시지요. 오늘이라는 시간과 건강 그리고 자신이 현재 하고 있는 일을 최대한 활용하면 우리는 성공합니다. 이것이 하나님께서 우리에게 주신 달란트입니다. 이 것을 내 것으로 만들면 그것이 바로 인생의 성공입니다. 우리에게 주어진 이 시간과 환경을 소중하게 생각하는 것, 이것이 바로 성공의 시작입니다.

성공하는 사람들의 세 가지 특징

성공하는 사람들은 세 가지 특징이 있습니다. 첫째, 무슨 일을 하든지 최선을 다하는 사람입니다. 달란트의 많고 적음을 떠나 누군가에게서 받은 기회를 헛되이 여기지 않고 최선을 다할 때, 바로 그 사람에게는 성공이라는 단어가 늘 함께합니다. 둘째, 자신에게 주어진 시간을 소중히 여기는 사람입니다. 지금 이 시간을 즐기는 사람에게는 내일의 희망이 있습니다. 지금이라는 것은 성공을 이룰 유일무이한 시간인 것입니다. 셋째, 지금 만나고 있는 사람들을 소중하게 여기는 사람입니다. 내가 만나는 사람들과의 관계에서 성공할 때, 그 사람은 다른 어떤 사람과의 관계에서도 성공할 수 있습니다. 명함 하나라도 소중히 여기는 사람, 스치듯 만난 인연일지라도 그 만남을 절대 허투로 흘려보내지 않는 사람이 바로 성공하는 사람입니다.

하나님은 한 사람을 편애하시지 않습니다. 달란트의 많고 적음은 그 사람의 능력을 고려해서 배분한 것이지, 다섯 달란트를 준

종을 한 달란트 준 종보다 더 아끼고 사랑한다는 뜻이 아닙니다. 하나님께서는 우리에게 공평한 기회를 주십니다. 우리가 그 공평한 기회를 얼마만큼 활용하느냐에 따라 우리의 인생이 달라집니다. 직분과 사명이 있다는 것은 우리에게 기회가 있다는 뜻입니다. 기회를 소중히 여기는 사람은 반드시 성공합니다. '절대 놓치지 말아야지, 절대 후회하지 말아야지' 하는 마음을 가지고 하루하루를 치열하게 사십시오. 직장에서도 마찬가지입니다. '이런 일하러 내가 왔나'라는 생각을 가지고 있는 사람은 한 달란트를 땅속에 묻어두는 사람과 다를 게 없습니다.

작은 일에 충성하는 당신이 소중합니다

'집에서 새는 바가지는 밖에서도 샌다'라는 속담이 있죠? 작은 일에 충성하지 못하는 사람은 절대 큰일을 하지 못합니다. 작은 일에 최선을 다하는 사람, 작은 것을 놓치지 않는 사람이 인생의 승리자가 될 것입니다.

12년 전 처음으로 교회를 개척하던 때 이야기입니다. 첫 교인이 등록하자마자 그 집에 심방을 드렸습니다. 그때 전 가방에서 뭔가를 꺼내서 그분에게 줬습니다. 바로 초대 재정부장으로 당신을 임명한다는 임명장이었습니다. 그분은 초등학교 앞에서 문구점을 경영하시는 정직하고 욕심 없는 분이었습니다. 그분이 교인이 되자마자 저는 그에게 교회의 재정권을 준 것입니다.

처음 그 임명장을 드리니 그분은 거의 기절하려고 했습니다. "아니, 전도사님. 교인도 저 혼자 밖에 없는데, 이게 무슨 일입니까. 저는 절대 못해요"라고 완강히 거절하셨지만 저는 심방을 마치고 나오면서 거의 강제로 그 임명장을 맡기고 왔습니다. 그러고 나서 일주일이 지났습니다. 그 다음 주일이 됐는데, 낮 예배를 마치고 그분이 잠깐 할 얘기가 있다고 저를 불렀습니다. 전 솔직히 '아니, 이분께서 그일이 부담이 되서 교회를 떠나겠다는 말씀을 하시려나?' 하는 불안감이 들었습니다.

그분이 뭘 자기 가방에서 꾸깃꾸깃 꺼냈는데 바로, 교회의 일년 예산편성이었습니다.

세월이 많이 지나 자세한 내역은 잘 기억이 나지 않지만 아직도 제 뇌리 속에 지워지지 않는 한 항목이 있습니다. '담임 교역자 사례비'라는 제목 뒤 '20만 원 × 12'라고 적혀 있는 문구였습니다. 교인들이 수십 명, 아니 두세 명이라도 있었던 게 아니었습니다. 오직 그분 한 분 밖에 없었습니다. 그러고는 그해 일년 동안 첫 달부터 20만 원씩 꼬박꼬박 생활비를 주셨습니다. 문방구를 경영하면서 비록 넉넉하지 않은 형편이었지만, 하나님은 그분이 그렇게 하실 수 있도록 늘 축복해주셨습니다.

두 번째 교인이 왔을 때는 그분에게 교회학교 교장이라는 임명장을 주었고, 세 번째 교인이 왔을 때는 남 선교회 회장이라는 임명장을 주었습니다. 처음에는 다들 고사하셨지만, 다들 작은 직분이라도 정말 소중하게 생각하시고 섬겨주셨습니다.

결국 한 사람 한 사람을 소중하게 생각하니, 하나님께서 축복의 문을 열어주셨습니다. 지금의 제가 존재할 수 있었던 계기도 비록 한 명의 교인이라도 소중히 여기고, 제가 할 수 있는 일이라도 함께 나누려는 노력이 있었기에 가능하지 않았나 라고 생각합니다.

지금을 놓치면 지금의 달콤함은 다시 맛볼 수 없습니다

여러분들에게 주어진 기회를 소홀히 여기지 않으시길 바랍니다. 그것이 아무리 티끌처럼 보잘 것 없다고 하더라고 말입니다. 작은 것을 우습게 여기는 사람은 절대 성공할 수 없습니다. 직장에서나 어느 조직에든지 나에게 좋은 일을 맡기지 않는다고 불평하지 마십시오. 자기에게 주어진 작은 일에 충성하면 주위 사람들은 결국 당신을 인정할 것입니다. 혹여 다른 사람들에게 생각보다 오랫동안 인정받지 못할 수도 있습니다. 하지만 어떻습니까? 하나님께서는 당신을 분명 인정할 것입니다.

잠언 22장에 보면 이런 말이 있습니다. "게으른 자는 말하기를 사자가 밖에 있은즉 내가 나가면 거리에서 찢기겠다 하느니라." 게으른 자들은 일하기 싫어서 없는 사자를 만들어 핑계를 댑니다. 하지만 사자는 어디에도 존재하지 않습니다. 게으르기 때문에 만들어 내는 핑계거리일 뿐이죠.

오늘 이것이 우리의 모습입니다. 우리를 끊임없이 합리화시키느라 각자에게 주어진 보석과 같은 기회를 흘려보내고 있지는 않는지요? 하나님이 우리에게 주신 기회를 활용하시기 바랍니다. 그리고 기회를 먼 곳에서 찾으려 하지 마십시오. 기회는 지금, 이 순간도 여러분과 함께하고 있습니다.

02

정직만큼 풍부한 재산은 없습니다

반드시 이겨야 하는 건 아니지만, 진실할 필요는 있다.
반드시 성공해야 하는 건 아니지만, 소신을 가지고 살아야 할 필요는 있다.
_ 애이브러햄 링컨

앞서 언급한 달란트의 비유를 다시 이야기할까 합니다. 다섯 달란트 받은 종과 두 달란트 받은 종은 주인에게 '착한 종'이라는 칭찬을 받게 됩니다. 이 말은 곧 '넌 참 정직하구나, 성실하구나' 를 뜻합니다.

사업을 잘 하는 비결은 여러 가지입니다. 아이템과 기획력이 좋아야 하고, 거래처와 관계 유지도 잘해야 할 뿐만 아니라, 경제도 호황이어야 합니다. 하지만 그런 것이 다 갖추어져 있다 하더라도 한 가지가 없으면 안 됩니다. 그것은 바로 '정직'입니다.

사진을 잘 찍기 위해서는 뚜껑부터 열어라

사진을 잘 찍는 작가분이 있었습니다. 그에게 사사하기 위해 한 제자가 찾아와서 이렇게 이야기합니다. "선생님, 저도 사진을 잘 찍고 싶습니다. 비결을 가르쳐주세요."

그러자 그 작가는 이렇게 이야기합니다. "알고 싶어? 간단하게 비결 한 가지만 가르쳐줄게. 사진을 잘 찍으려면 사진기의 뚜껑을 열면 된단다." 정직도 마찬가지입니다. 인생을 살아가는 테크닉은 무궁무진합니다. 서점마다 빼곡히 쌓여있는 자기계발서들은 우리에게 그 테크닉을 가르쳐줄 수 있습니다. 하지만 사진을 잘 찍기 위한 가장 기본적인 것이 사진기의 뚜껑을 여는 것처럼, 우리가 인생을 성공하기 위해서 가장 필요한 것은 바로 '정직함을 가지고 사는 것'입니다. 그 정직함이 담보되지 않을 때, 그 어떠한 테크닉도 사상누각에 불과합니다.

제가 잘 아는 유명한 설렁탕 집이 있습니다. 원래는 지금과 같이 유명한 집이 아니었습니다. 장사가 너무 안돼서 전에 있던 주인이 다른 사람에게 사업을 넘겼을 정도였습니다. 안되는 집에서 장사를 시작하게 된 새 주인은 장사를 시작하는 첫 날, 새벽기도를 마치고 일찍 가게로 갔습니다. 그런데 이상한 광경을 목격합니다. 부엌에서 주방장이 커피프림을 설렁탕 국물에 타고 있었던 겁니다. 깜짝 놀란 주인이 "지금 뭐하는 거에요?"라고 묻자 이 주방장은 태연하게 "전 주인도 이렇게 했고, 다른 곳도 이렇게 합니다"라고 대답했습니다.

그분은 심한 충격을 받았습니다. 그리고 마음에 단단히 결심을 했습니다. '내가 크리스천인데, 이렇게 남의 눈을 속여가며 장사해서는 안되지. 설령 어제까지 그렇게 했다 하더라도 지금부터는 정직하게 장사하자.' 이렇게 결심한 새 주인은 그날 하루 장사분을 전부 다 폐기처분했습니다. 비록 손해를 보더라도 지금 이 순간부터 정직하겠다는 새 주인의 신념이었던 겁니다.

그런데 이상하게도 이 사실이 입소문을 타기 시작했습니다. '저 주인 참 대단해. 아무리 원가가 많이 들고 해도 꼭 한우 뼈 국물만 사용한데'라는 소문이 점점 퍼져 사람들이 하나둘씩 그 설렁탕 집을 찾기 시작했습니다. 이제 그 집은 서울 사람 뿐 아니라 외국인에게도 소개되는 한국의 대표 설렁탕이 되었습니다.

그 가게의 성공비결은 오직 하나였습니다. 바로 정직이었습니다. 정직은 '내일부터, 이것만 끝나고…' 식의 타협을 절대 허락하지 않습니다. 바로 이 순간부터 정직해야만 당신의 정직은 보석처럼 빛날 것입니다.

서울을 못 가더라도 제대로 갑시다

마태복음 4장에는 사탄이 40일 금식기도를 마치신 예수님을 시험하는 이야기가 나옵니다. "네가 아들이거든 돌을 떡이 되게 해봐라"라고 사탄은 예수님께 이야기합니다. 성경에서는 이 상황을 한 마디로 간단하게 표현했지만, 실제로 사탄은 예수님 앞에서 비아냥거리면서 약을 올렸을 겁니다. 하지만 예수님은 사탄의 뜻대로 하지 않으셨습니다. 왜 그랬을까요? 예수님께서 죽은 자를 살리시고, 보리떡 다섯 개와 물고기 두 마리로 5천 명을 먹이시고, 바다 위를 걷고, 무에서 유를 창조하시는 분입니다. 예수님께서 그 기적이 특별히 힘들어서 하지 않았을까요? 아닙니다.

예수님은 끝내 사탄의 도전과 비아냥 앞에 무능력하게 보일 수도 있지만, 그것은 자신의 방식이 아니었기에 예수님은 하지 않으셨습니다. 지금 사탄은 '모로 가도 서울만 가면 되지 않느냐'라고 유혹하고 있습니다. 전통적으로 떡이란 곡식을 가지고 만드는 것입니다. 쌀이나 보리로 떡을 만드는 것이죠. 돌을 가지고 떡을 만들지 않습니다. 사탄이 쌀이 아닌 돌을 가지고 떡을 만들어 보라는 것은 수단과 방법을 가리지 않고 결과만 이루면 되지 않느냐는 정직하지 못한 방법입니다.

우리는 예수님처럼 정직할 때 성공한 인생을 살 수 있습니다. 다섯 달란트 받은 종과 두 달란트 받은 종은 정직했고 성실했습니다. 그래서 이윤을 갑절로 남겼고, 주인의 칭찬을 들었을 뿐 아니라 이후 더 많은 것을 맡게 되었습니다.

지금 당장 큰 열매가 안 보인다고 해도 모든 일을 정직하게 행하시길 바랍니다. 아무리 그 결과가 크고 화려할지라도 방법이 잘못되었으면, 모로 서울을 가는 거라면, 그 성공은 결코 오래가지 못하고 결국 여러분을 비참하게 만들 것입니다.

성공이라는 것은 특별한 사람만 하는 것이 아닙니다. 씨앗은 땅에 파묻혀야 가을에 열매를 맺을 수 있습니다. 존재가 흙 속에 숨겨져야 합니다. 어둠의 시간이 있어야 낮이 있고, 명암의 조화를 절묘하게 이루는 작품이 명작입니다. 밤이 있어야 아침의 의미가 있는 것처럼 말이죠. 우리가 인생의 참된 기쁨을 맛보기 위해서는 정직해야 합니다. 당장 앞이 안 보이고 힘들어서 포기하고 싶더라도 정직했을 때, 그 정직으로 인해 여러분의 삶은 열매를 맺고 명작이 되고 찬란한 아침 햇빛을 맞이할 수 있습니다.

평가의 기준을 하나님께 두라

어떤 노부부가 자녀들을 방문하기 위해 미국에 갔습니다. 딸은 L.A에, 아들은 뉴욕에 살았는데 이 부부는 먼저 딸네 집을 방문

했습니다. 그런데 L.A공항에 내릴 때부터 이 부부는 기분이 좋았습니다. 마중나온 사위가 자신들에게는 물론이거니와 딸에게 정말 잘했기 때문입니다. 아내를 위해 힘든 일을 할 때도 항상 즐거워하며 작은 일에도 배려하는 사위의 모습이 참 든든하고 흐뭇했습니다.

이제 노부부는 L.A에서의 일정을 마치고 아들이 있는 뉴욕에 갔습니다. 그런데 공항에서부터 기분이 상하는 겁니다. 아들이 며느리에게 너무 잘했기 때문입니다. 며느리를 끔찍이 위하고 아끼는 아들을 보며 뉴욕에 머무는 시종일관 마음이 불편했습니다.

비행기를 타고 돌아오면서 아내는 남편에게 이렇게 이야기합니다. "여보 딸은 시집을 잘 간 거 같은데, 아무래도 며느리는 잘못 얻은 것 같아."

평가의 기준이 자신이 될 때 우리는 이렇게 어이없는 판단을 내릴 수밖에 없습니다. 평가의 기준을 하나님께 두십시오. 그게 바로 정직한 삶이고, 우리가 평생을 두고 이루어야 할 목표입니다.

달란트는 능력의 차이지 믿음의 차이가 아니다

주인이 세 종에게 각기 다른 달란트를 준 것은 이들의 능력을 고려해서지, 누구를 더 많이 신뢰하느냐의 문제가 아니었습니다.

다른 것은 오직 능력의 차이였지, 이 주인은 세 명 모두를 똑같이 신뢰했습니다. 한 달란트를 준 사람을 믿지 않았다면 애초부터 맡기지 않았을 겁니다. 양의 차이는 능력의 차이였지, 믿음의 차이는 아니었던 것입니다.

아마 다섯 달란트 받은 종은 이런 염려를 했을지도 모릅니다. '너무 무거운 책임이 부담스러워. 하다보면 손해를 볼 수 있지도 않을까?' 하지만 이 종은 설령 돈을 잃더라도 자신의 주인이 그 결과만을 가지고 나무라는 사람이 아니라는 것을 믿었습니다. '괜찮다. 네가 최선을 다했기 때문에 이익에 상관없이 네가 자랑스럽구나' 라고 격려해줄 주인을 믿었기 때문에 자신의 능력을 최대로 발휘할 수 있었습니다.

혹시 직장에서 자신이 남들보다 더 일을 많이 하고 있다고 느낍니까? 그러면 '상사가 나를 믿어주고 있구나' 하고 감사하게 여기십시오. 그리고 실패를 두려워하지 마십시오. 혹여 세상은 여러분의 성과나 결과를 보고 판단할 수도 있지만, 하나님은 여러분의 과정을 보십니다. 얼마나 많은 달란트를 남겼느냐가 아니라 얼마나 충성을 다했느냐가 하나님의 방식이자 관점이기 때문입니다.

03

남을 섬길 줄 아는 인생은 아름답습니다

하나님께서 당신을 어느 곳에 데려다 놓든, 그곳이 바로
당신이 있어야 할 곳이다. 중요한 것은 우리가 무엇을 하느냐가 아니라
그 일에 얼마나 많은 사랑을 쏟고 있느냐다.
_ 머더 테레사

믿음의 사람은 모든 것을 균형 있게 봐야 합니다. 건강한 사람은
음식을 골고루 먹듯, 생각이 건강한 사람은 보수와 진보의 시각
을 균형 있게 바라볼 수 있는 사람입니다. 무엇이든 한쪽으로 편
중된 것은 올바르지 않습니다.

신앙도 마찬가지입니다. 간혹 교인들 중에는 뜨거운 성령의 이
적을 경험해야 예수를 잘 믿는 것이라고 생각하는 사람이 있습니
다. 반대로 이성적이고 논리와 체계에서 벗어나면 저급한 신앙이
라고 매도하는 사람도 있습니다. 이 둘 다 균형 있는 신앙을 갖추

었다고 말할 수 없습니다. 비록 어려운 일이긴 하지만 이 둘 사이에서 적절하게 균형감각을 유지하는 일이야말로 크리스천들이 갖추어야 할 자세입니다.

하나님이 우리에게 주시고자 하는 뜻을 잘 헤아려야 합니다

한 처녀가 시골에서 살다가 직장 때문에 서울에 올라갔습니다. 그리고 좋은 남자를 만나서 결혼을 하게 되었습니다. 그녀는 크리스천이었고, 시골에서 그녀가 다니던 교회의 목사님도 결혼소식을 들었습니다. 그런데 이 목사님이 사정이 여의치 않아 결혼을 축하하기 위해 서울에 올라가지는 못했고, 대신 축전을 보냈습니다. 축전에는 결혼을 축하하는 성경구절을 썼습니다.

드디어 결혼식 날이 되었습니다. 사회자가 식을 시작하기 전, 목사님이 보내주신 축전을 읽기 위해 성경책을 폈습니다. 원래 축전은 요한1서 4장 18절의 말씀이었습니다.

"사랑 안에 두려움이 없고 온전한 사랑이 두려움을 내어 쫓나니, 두려움에는 형벌이 있음이라. 두려워하는 자는 사랑 안에서 온전히 이루지 못하였느니라."

그런데 그날 사회를 보는 사회자가 교회를 안 다니는 사람이어서 성경 구절을 찾는 데 시간이 많이 걸렸습니다. 이윽고 더듬더

듬 성경을 찾기는 했는데, 요한1서가 아닌 요한복음을 찾고 말았던 겁니다.

"여러분, 신부측 목사님께서 다음과 같은 축전을 보내오셨습니다. 네가 남편 다섯이 있었으나 지금 있는 자는 네 남편이 아니니 네 말이 참되도다(요한복음 4장 18절)."

하나님이 우리에게 주시고자 하는 뜻이 무엇인지 잘 헤아려야 합니다. 로마서 10장 9~10절에는 이런 말씀이 있습니다.

"네가 만일 네 입으로 예수를 주로 시인하며 또 하나님께서 그를 죽은 자 가운데서 살리신 것을 네 마음에 믿으면 구원을 얻으리니 사람이 마음으로 믿어 의에 이르고 입으로 시인하여 구원에 이르느니라."

그런데 마태복은 7장 21절에는 반대로 이렇게 이야기합니다.

"나더러 주여 주여 하는 자마다 천국에 다 들어갈 것이 아니요. 다만 하늘에 계신 내 아버지의 뜻대로 행하는 자라야 들어가리라."

앞에서는 입으로 시인만 하면 천국에 들어간다고 하더니 뒤에는 다른 말을 하는 것처럼 느껴집니까? 하나님이 혹시 변덕쟁이인가요? 아닙니다. 입으로 시인하는 믿음과 뜻대로 행하는 믿음이 다 필요하다는 말입니다. 이렇듯 성경말씀도 어느 한 가지만 가지고 보면 편협해집니다. 균형감각을 갖추고 하나님이 주시는 말씀을 잘 헤아려야 합니다.

하나님은 섬길 줄 아는 자를 사용하십니다

하나님 마음에 드는 사람은 어떤 사람일까요? 여러분은 어떻습니까? 우리는 누구나 마음에 드는 사람과 안 드는 사람이 있습니다. 하나님도 마찬가지입니다. 하나님도 마음에 드는 사람과 안 드는 사람이 있습니다. 하나님은 역사를 이루기 위해서 계획을 세웁니다. 그리고 반드시 그 계획을 이루기 위해서 사람을 쓰십니다. 계획을 이루기 위해서는 도구가 필요한 법인데, 그 도구가 하나님 마음에 드는 사람이라는 거죠.

하나님께서는 그 사람이 마음에 들면 높여 사용하시지만, 마음에 안 들면 단칼에 버리십니다. 그 대표적인 사람이 바로 다윗과 사울입니다.

왜 하나님께서는 사울을 들어 쓰시다가 버리시고 다윗을 높여 사용했을까요? 결론부터 이야기하자면, 다윗이 하나님 마음에 들었기 때문입니다. 다윗은 하나님 '마음에 합한 사람'이었기 때문입니다. 다윗에 관한 이야기는 성경에 헤아릴 수 없을 만큼 많이 나옵니다. 다윗은 구약성경에만 800번, 신약성경에는 60번 이상 등장합니다. 다윗은 시인, 정치가, 제사장, 지도자, 군인, 그리고 이스라엘의 왕이자 우리에게는 믿음의 사람입니다.

그렇다면 그가 어떻게 하나님 마음에 들었을까요?

다윗은 남을 섬길 줄 아는 사람이었기 때문입니다. 사람은 누구나 주특기가 있는데 다윗의 주특기는 '섬기는 것'입니다. 다윗은 섬기기 위해 이 땅에 태어난 사람이라고 해도 과언이 아닐 정도로 섬김의 삶을 살았습니다.

다윗은 정말 섬기는 데 은사가 많은 사람이었습니다. 어렸을 때 다윗은 목동이었습니다. 양을 자기 자식처럼 때로는 생명처럼 아끼고 보살폈습니다. 여덟 형제가 있었지만 다윗 혼자서 양을 돌볼 때가 많았습니다. 그 어린 다윗은 형들의 몫까지 다 보살펴 주었습니다. 사무엘 앞에서 다른 형제들이 왕이 되기 위한 심사를 받을 때, 혼자서 들판에서 양을 친 사람도 바로 다윗이었습니다. 건강한 양에게 억센 풀을, 조금 약한 양에게는 부드러운 풀을 먹였습니다. 비록 말 못하는 양이라 할지라도 눈높이에 맞춰 그들을 섬겼던 것입니다.

작은 것을 잘하면 큰 것도 잘할 수 있습니다. 다윗이 어느 날 갑자기 왕이 된 것이 아닙니다. 하나님은 다윗이 어릴 때, 들에서 양을 치는 모습을 보고 계시다가 '다윗이라면 이스라엘을 다스릴 자격이 있구나' 하고 생각하시고 그를 이스라엘의 왕으로 기름 부으신 것입니다.

겸손하게 낮아지기 원하시는 하나님

부끄러운 간증 하나 하겠습니다. 교회를 개척하던 초기에 일입니다. 교인들이 몇 명 생기긴 했는데 당시 아무도 새벽기도를 나오지 않았습니다. 그런데 정상적인 목사라면 그런 교인들을 걱정해야 할까요, 아니면 좋아해야 될까요? 물론 걱정하고 기도해야합니다. 이게 정상적인 목회자의 자세이지요.

그런데 이게 웬일입니까. 전 교인들이 새벽기도 안 나오니 정말 좋았습니다. 내가 먼저 안 하자고 말할 수는 없었지만, 교인들이 알아서 안 나와주니 세상에 이렇게 좋은 일이 어디 있습니까? 이 글을 쓰면서도 참 민망합니다만, 저도 그 핑계를 대고 가끔 빠질 수 있잖아요.

하지만 하나님이 그런 제 마음을 어찌 그리 잘 아시는지, 가만히 내버려두지 않으셨습니다. 우리 교회 교인은 아무도 안 나오는데, 글쎄 남의 교회 교인들이 나오는 거 있죠? 많이 나오면 말을 안 합니다. 꼭 두세 명씩만 나왔습니다. 주로 서울에 있는 교회를 다니거나, 안산에 있는 교회를 다니지만 거리가 먼 사람들이었습니다.

그런데 남의 교회 왔으면 빨리 기도하고 가야할 것 아닌가요? 이 사람들은 참 양심이 없는 것 같았습니다. 무려 한 시간 넘게 기도하는 사람도 있었습니다. 그런데 신학대학 때 저를 지도해주던 목사님은 늘 저에게 이런 말씀을 해주시곤 했습니다. "개척하면 기도를 많이 해야 한단다. 목사는 새벽기도 때 교인들보다 먼저 일어나면 안 돼. 교인들이 다 간 다음에 일어나거라. 그것이 너에게 큰 힘이 될 것이다."

그 말씀을 들었는데 어찌 지키지 않을 수 있겠습니까? 전 매일 새벽기도 나온 성도들이 다 갈 때까지 기다렸습니다. 그런데 세 명은 가는데 꼭 한 명이 안 갔습니다. 꼭 그 한 명이 한 시간씩 기도하고 갔던 거죠. 저는 무릎 꿇고 기도하다가 발이 저리고 아파서, 몇 번씩이나 뒤돌아보면서 '빨리 가게 하소서'라고 속으로 중얼거리기도 했습니다.

그러기를 1년이 지났습니다. 처음에는 언제 가려나 노심초사 기다렸는데, 어느 정도 시간이 지나니까 포기하게 됐습니다. 그리고 어느새 저도 새벽에 한 시간 기도하는 것이 습관이 돼버리고 말았습니다. 아마 마지막 그 한 사람이 없었더라면 새벽기도를 안 할 수는 없었어도, 시작하자마자 끝나는 형식적인 새벽기도가 됐을 겁니다.

그런데 그렇게 1년이 지나니 '주변에 새로 개척한 젊은 전도사가 있는데 그분이 그렇게 기도를 열심히 한다네'라는 소문이 돌기 시작했고, 교인들이 하나둘씩 저희 교회를 찾기 시작했습니다. 소문의 출처를 알아보니, 바로 새벽마다 한 시간씩 기도하며 저를 괴롭힌 바로 그 사람이었습니다. 제가 새벽마다 한 시간도 넘게 매일 기도하니 그분도 '저 젊은 전도사가 보통이 아니네'라고 생각하셨나 봅니다. 그래서 주위 분들에게 소문도 냈고요.

어느 날 저는 이 일을 통해 하나님의 뜻을 깨달았습니다. '내가 무릎 꿇지 않고 목회하니, 이렇게라도 나를 낮추시는구나. 하나님께 쓰임 받으려면 낮아질 수밖에 없구나.' 하나님은 그때 저를 겸손하게 섬길 수 있는 사람으로 만드셨습니다. 억지로 한 시간씩 버텨도 이렇게 축복해주시는데, 진심으로 낮아지면 하나님이 얼마나 기뻐하실까 라는 생각이 들었던 거죠.

향기나는 그리스도인이 되시길 바랍니다. 다윗은 참 향기나는 사람이었습니다. 어린 시절은 양을 섬겼고, 청년 시절에는 사울을 잘 섬겼습니다. 사울이 병들었을 때, 비록 그가 자신의 적임에도 불구하고 사울을 위해 악기를 연주했습니다. 그리고 왕이 된 후 백성들을 얼마나 잘 섬겼는지 모릅니다. 무엇보다도 하나님을 잘 섬겼고요.

하나님은 섬기는 자를 쓰십니다. 다윗처럼 작은 것을 소중히 여기고 최선을 다해 섬길 때, 하나님은 분명 그 인생을 축복하십니다.

04

칭찬은 깨끗한 자의 몫입니다

칭찬은 추구하는 자가 찾는 것이 아니다.
그것은 마치 돌과 같아서 쫓아가면 도망가지만 피하면 따라온다.
_ 안토니 니바롤

앞에서 이야기했던 다윗의 이야기를 조금 더 할까 합니다. 하나님
이 다윗을 마음에 들어 했던 첫 번째 이유는 바로 섬김의 자세 때
문이었습니다. 두 번째 이유는 다윗은 회개할 줄 아는 사람이었기
때문입니다. 죄를 안 지었기 때문에 온전한 사람이 아니라 설령
죄를 짓더라도 회개할 줄 아는 사람이 온전한 사람입니다.

한 통계조사에 의하면 평범한 사람이 제 아무리 착하게 살려고
해도 하루에 최소 2만 가지 죄를 짓는다고 합니다. 생각, 눈, 그리

고 행동으로 우리는 수많은 죄를 짓고 삽니다. 다윗도 마찬가지입니다. 하지만 다윗은 죄를 지었지만 그 죄를 멋있게 회개한 사람입니다. 다윗은 자신의 충복의 아내인 밧세바와 간음을 했고, 이 사실을 덮기 위해 충복을 죽였습니다. 그러나 나단 선지자가 그 죄를 지적했을 때, 다윗은 눈물을 펑펑 흘리면서 진실하게 자신의 죄를 회개했습니다. 그리고 더 중요한 것은 다시는 그러한 죄를 짓지 않았습니다. 회개의 모범을 보인 셈이죠.

남의 입장에서 보면 이해가 됩니다

주변에 여자 목사님 분들이 몇 분 있는데, 대개 기도원 원장분들 입니다. 그런데 재밌는 것은 그분들이 기도원 원장이 된 사연은 비슷하다는 것입니다. 가장 주된 공통점 중에 하나는 남편들이 속을 무지하게 썩인다는 것입니다. 유명한 기도원 원장들의 뒷이야기를 들어보면 남편들이 신앙생활을 안 해서 하나님께 기도하다가 능력을 받아서 실제로 능력 있는 종이 되었다는 겁니다.

제가 한번은 어느 기도원에서 설교를 한 적이 있습니다. 그런데 그 기도원 원장의 남편이 제 설교를 듣고 은혜를 받았다는 것입니다. 그분은 자신이 목사의 설교를 듣고 은혜를 받은 것은 이번이 처음이라며 무척 기뻐하셨습니다. 그리고 지금까지는 자신이 부인에게 걸림돌이었는데 이제부터는 디딤돌의 역할을 하고 싶다는 진실어린 고백도 저에게 했습니다. 그런데 조금 지나니 이분이 자신의 고충을 이야기하기 시작하는 겁니다. 아내가 너무 거룩하고 신성하니까, 그분께서 힘들다고 했습니다. 같이 맞춰서 살기가 힘들다는 뜻이겠죠.

믿음으로 사는 아내의 입장에서는 남편이 이해가 안 가겠지만, 바꿔서 남편의 입장에서 그분 이야기를 들어보니 많은 부분 공감이 갔습니다. 어쩌면 지금까지 그 남편분이 숨이 막혀 살기 힘들었을 수도 있다는 생각이 들었습니다. 물론 아내도 힘들었겠지마는요.

바보 온달은 평강공주를 만나서 장군이 되었습니다. 여성분들에게 한 말씀드리겠습니다. 여러분의 신랑이 바보가 아닌데 평강공주처럼 좋은 아내를 만났으면, 장군이 아니라 장관이 됐어야 합니다. 여러분 신랑이 자신의 마음에 들지 않는다면 그것은 남편의 잘못이 아니라 나 때문이라고 생각해보세요. 바보도 아내를 잘 만나니 장군이 되었습니다. 여러분의 남편들은 바보가 아닙니다. 그런데 왜 바보 온달은 되고 여러분 남편은 안 됩니까? 내가 평강공주 역할을 잘 못하고 있구나 하며 남편을 조금이라도 이해하려고 노력해보시길 바랍니다.

하나님은 칭찬받는 사람을 쓰십니다

다윗은 남녀노소, 지위고하를 막론하고 누구에게도 칭찬받는 사람이었습니다. 누구에게도 좋은 점수를 받았습니다. 다윗이라는 말 자체도 '극진히 사랑받는 사람'이듯이, 다윗은 동시대의 이스라엘 백성들에게 칭찬을 받았을 뿐 아니라 신약성경에 나오는 스데반에게도 극찬을 받았습니다. 이스라엘 사람들은 지금까지도 모세를 최고의 선지자로, 다윗은 최고의 왕으로 인정하고 있습니다. '다윗의 자손 예수'라는 칭호도 다윗에 대한 이스라엘 백성의 존경심을 방증하고 있는 거죠. 다윗은 이렇게 주위 사람들에게 칭찬과 인정을 받는 사람이었습니다.

목회하면서 제일 기분이 좋을 때는 아내가 절 칭찬할 때입니다. 교인들이 "목사님, 오늘 정말 은혜 많이 받았습니다"라는 말도 기분 좋지만, 아내가 인정해 줄 때에 비할 바가 못 됩니다. 제가 지금까지 목회하면 여기까지 원동력은 첫째는 주님의 은혜요, 둘째는 아내에게 받은 칭찬 때문입니다.

가끔 저도 설교를 소위 '죽쑨 날'이 있습니다. 그런 날이면 양심의 가책을 받음은 물론이거니와 어깨도 축 늘어지게 됩니다. 전 집에 가서 아내에게 묻습니다. "교인들이 오늘 별로 은혜를 못 받았지요?" 아내는 "괜찮던데요. 당신은 무슨 설교를 해도 은혜로워요." 그렇게 말합니다. 비록 빈 말이라 할지라도 그 칭찬 때문에 전 다시금 새 힘을 얻고 일주일을 열심히 살아가게 됩니다.

칭찬은 하는 사람도, 받는 사람도 좋습니다

다윗은 칭찬을 많이 받았습니다. 심지어 자신의 원수인 사울조차도 그를 칭찬했습니다. 한번은 다윗이 사울에 쫓겨 동굴에까지 온 적이 있었습니다. 그런데 사울은 다윗이 동굴에 있는 것을 미처 모른 채 거기서 잠을 자고 맙니다. 다윗은 자는 사울의 목을 벨 수도 있었지만, 옷자락만을 벴습니다. 이에 사울은 다윗에게 크나큰 감동을 받았습니다. 비록 원수지만 다윗을 칭찬할 수밖에 없었던 거죠.

우리가 설령 다윗처럼 원수에게까지 칭찬받는 사람이 되지 못할지라도 가까운 곳에 있는 사람에게는 칭찬을 받아야 합니다. 자기 집에서 인정받지 못하는 부모가 다른 곳에서 명예와 찬사를 받는 것은 무의미합니다. 가까운 사람에게 존경받는 사람이 되어야 합니다.

블레셋 군대가 다윗의 고향인 베들레헴을 점령했을 때, 다윗은 블레셋과 전투를 위해 베들레헴에 갔습니다. 거기서 다윗은 '누가 내 고향에서 우물물을 길러올꼬'라고 작은 소리로 중얼거렸는데, 이 독백을 듣고 신하 세 명이 목숨을 걸고 블레셋 적진에 들어가 우물물을 길러왔습니다. 이것은 보통일이 아닙니다. 여러분 주위에도 이런 사람이 있어야 합니다. 비록 독백처럼, 흘러가는 내 말 한 마디에도 생명을 걸어줄 사람말이죠. 그런 사람의 인생은 분명 성공한 것입니다.

멀리 있는 사람은 잘 모르지만, 가까운 사람은 다 아는 법입니다. 가까운 사람이 인정하는 것이 진정으로 인정받는 것임을 꼭 기억하시길 바랍니다.

어느 날, 교인 한 분이 찾아오셔서 이렇게 이야기했습니다. "목사님, 전 참 행복하답니다. 우리 아들이 싸이월드 게시판에 '내가 제일 존경하는 사람 : 아빠'라고 써놓은 게 아니겠어요. 제가 인생을 제법 괜찮게 산거죠?" "네, 물론이고요. 팥빙수 한 그릇 사셔야 겠네요." 그러고는 그날 그분에게 아주 기분 좋게 팥빙수를 얻어먹었습니다. 이렇듯 다른 곳에서 칭찬받기보다 여러분의 가까운 곳에서 좋은 이야기를 많이 듣길 바랍니다.

하지만 가장 좋은 것은 하나님께 칭찬을 받는 것입니다. 다윗이 하나님께 들었던 '내 마음에 합한 자'라는 소리를 들어야 합니다. 마지막에는 하나님께 이러한 칭찬을 받아야 합니다. 칭찬 받을 때, 하나님은 그 사람을 귀한 도구로 쓰십니다.

에덴동산에는 없는 한 가지

에덴동산의 '에덴'은 '즐겁고, 기쁘다, 그리고 행복하다'라는 의미입니다. 그래서 거기에 사람을 두셨습니다. 하나님은 우리 인간이 항상 즐겁고 기쁘고 행복한 곳에 있길 원하십니다.

에덴동산에 돈이 있었습니까? 차가 있었습니까? 옷이나 집이 있었습니까? 하지만 아담과 하와는 행복했습니다. 그 자체가 행복한 곳이기 때문입니다.

그런데 지금은 어떻습니까? 우리는 그때에 비해 비교할 수도 없는 물질적 풍요를 누립니다. 하지만 그때보다 결코 행복하지 않습니다. 뭣 때문에 그럴까요? 에덴동산에는 죄라는 것이 없었는데, 지금은 죄가 있기 때문입니다. 죄가 없으면 행복합니다. 하지만 아무리 다른 것이 많아도 죄가 있으면 불행해질 수밖에 없습니다.

사람의 겉으로 나타나는 현상들이 아무리 그럴싸해도 본질이 타락하면 그 인생은 허망합니다. 도둑이 왜 도둑이라는 비난을 받습니까? 도둑질을 하기 때문입니다. 그렇다면 도둑이 새로운 삶을 살기 원한다면 누가 회개를 해야 할까요? 도둑이 회개합니까? 도둑질이 회개합니까? 도둑이 회개해야 합니다. 도둑질이라는 그 행위가 중요한 것이 아니라 물건을 훔치는 도둑, 즉 본질이 중요합니다. 도둑질을 다시는 하지 않겠다는 본질이 없어져야 그 행위도 없어지는 법이죠.

우리의 가장 중요한 사명은 하나님께 인정받는 것입니다. 그럴 때야만 다른 것도 다 잘할 수 있습니다. 하나님께 인정받는 것에 인생을 거십시오. 그리고 그 길을 향해 올곧게 그리고 정직하게 걸어가세요. 비록 힘이 들더라도 끝까지 걸어가세요. 생이 다하는 날까지 여러분을 사랑하시는 그분이 당신과 늘 함께할 것입니다.

05

진실한 마음에서
진실한 감사가 나옵니다

하늘은 정직한 사람을 도울 수밖에 없다.
정직한 사람은 신이 만든 것 중 최상의 작품이기 때문이다.
_ 세르반테스

예수님께서 갈릴리 벳세다로 가니 많은 사람들이 따라왔습니다. 그곳에서 예수님께서는 많은 사람들에게 하나님의 말씀을 전했습니다. 그러던 중 어느덧 저녁 무렵이 되었습니다. 예수님은 사람들이 아침부터 아무것도 먹지 못하고 말씀을 듣고 있는 것이 걱정되었던 거죠.

예수께서는 제자 빌립에게 "너희들이 이 사람들에게 먹을 것을 주어라"라고 말씀하십니다. 그러자 빌립은 "여기 모인 사람들 중 어른만 5천 명이 넘습니다. 이 사람들에게 떡 하나만 줘도 돈이 얼마인줄 아십니까?"라고 이야기했습니다. 빌립은 돈이 너무 많이 들어 애초부터 예수님이 말씀하신 일은 불가능할 것 같다고 생각했던 것입니다.

하지만 예수님이 제자들에게 먹을 것을 주라 할 때는 이미 방법과 길이 있습니다. 주님은 이미 방법을 결정하고 나서 나에게 말씀하신다는 것을 명심하시길 바랍니다.

오병이어의 주인공은 누구입니까?

머리만 좋은 빌립 같은 사람이 되지 않길 바랍니다. 빌립은 순식간에 '200데나리온의 떡'이 부족하다는 것을 계산해냈습니다. 얼마나 머리가 좋은지 모릅니다. 아마 예수님의 열두 제자 중 가장 수학을 잘하고 컴퓨터처럼 정확한 사람이 빌립일 것입니다. 하지만 빌립은 오병이어 사건의 주인공이 아닙니다. 머리만 좋다고 하나님이 쓰시는 것이 아니기 때문입니다.

빌립의 그 같이 빠른 계산 후에 안드레가 등장합니다. 안드레는 어린 아이가 예수님께 받친 보리떡 다섯 개와 물고기 두 마리를 주님께 드립니다. 여기까지는 좋습니다. 하지만 안드레도 아쉬움이 남습니다. 그 다음에 그는 예수님께 "이것이 이 많은 사람들에게 얼마나 도움이 되겠습니까?"라고 말합니다. 부정적인 말입니다. 하지만 예수님은 부정적인 이야기를 들으시는 분이 아닙니다.

제자들이 아무리 부정적인 이야기를 해도 예수님께서는 아랑곳하지 않고 그 보리떡 다섯 개와 물고기 두 마리를 축사하시고, 자신이 계획하신 길을 가셨습니다. '축사했다'는 이야기는 '감사했다'는 말입니다. 예수님께서는 다른 아무것도 하지 않으셨습니다. 그저 감사했을 뿐입니다. 그저 감사만 했는데, 기적이 일어났습니다.

진실한 마음에서 감사가 나옵니다

오병이어 기적의 비결은 바로 감사입니다. 감사만 해도 능력이 나타납니다. 감사는 클수록, 많을수록 좋은 법입니다. 눈앞에 있는 것을 감사하는 것보다 보이지 않는 것을 감사하는 것이 더 큰 감사입니다. 안 보여도 믿고 신뢰하는 것이 바로 진정한 믿음인 것입니다. 눈에 보이는 것, 손에 잡히는 것이 없다하더라도 감사한다면 여러분이 원하시는 대로 반드시 이루어 질 것입니다. 아무것도 보이지 않았지만, 물고기 두 마리와 보리떡 다섯 개에 감사하셨던 예수님처럼요.

감사만 했는데 마음의 여유가 생깁니다. 축사만 했는데 수많은 사람들을 배불리 먹였습니다. 한번 상상해보십시오. 그 광경이 얼마나 여유가 있습니까? 인간의 생각으로 새치기와 싸움이 일어날 법도 하지만 그 광경에는 질서와 여유가 가득합니다.

삶의 여유는 어디에서 옵니까? 바로 감사에서 옵니다. 감사하면 느긋하고 여유로워집니다. 감사한다는 것은 모든 것을 '받아들인다'는 뜻입니다. 내게 벌어지는 상황을 받아들이면 여유가 생깁니다. 편안해집니다.

대개 남자들은 인정을 잘 못합니다. 그래서 훗날 많은 어려움과 고통을 겪는 경우가 허다합니다. '한때 난 수십 명을 거느리고 잘 나가던 사람이었어'라고 과거의 기억에서 벗어나질 못합니다. 당연히 현실에 적응하지 못하고요. 뒤늦게 아파트 경비원이라도 하지만 적응을 못하는 경우가 대부분이죠.

믿음의 사람은 어떠한 환경에도 적응할 수 있어야 합니다. 간암으로 죽어가는 한 성도의 이야기를 할까 합니다. 그분은 간암으로 운명하기 전 암 병동에서 세 달 동안 투병생활을 했습니다. 마지막으로 그분에게 심방을 갔을 때 그분이 한 말이 아직도 잊혀지지가 않습니다.

"목사님, 전 간암말기라는 소식을 듣고 두 가지를 감사했습니다. 첫째, 비록 하루하루 버티는 힘든 삶이지만 이 병마와 싸울 힘을 주신 하나님께 감사했습니다. 둘째, 제가 병실에 있는 동안 하나님께서 저와 함께 하신다는 것에 감사했습니다. 오늘 하루를 저에게 주신 주님이 계시기에 제가 아직도 살아 있잖아요."

감사는 환경을 바꾸는 매우 강력한 힘입니다. 그리고 그 감사는 우리의 진실한 마음에서 나옵니다. 자신의 모든 것을 예수께 바친 한 어린 아이의 아름다운 마음처럼 말이죠.

▌ QUESTION of the INTEGRITY

1   당신은 하나님께서 자신에게 준 기회가 무엇이라고 생각합니까? 그리고 그 기회 하나하나를 소중히 여기며 살고 있습니까?

2   당신은 비록 손해를 보더라도 정직이라는 신념을 지키기 위해 노력한 적이 있습니까?

3   당신은 하나님께서 주신 재능을 다른 사람 섬기는 데에 사용한 적이 있습니까?

4   당신은 직장동료들과 하나님께 인정과 칭찬을 받는 사람입니까? 그렇지 않다면 그 이유는 무엇일까요?

5   당신은 하나님께서 주신 가정과 일터에서 감사하는 마음을 가지고 있습니까? 그렇지 않다면 그 이유는 무엇일까요?

2 CHOICE
지금 선택은 미래의 내 모습

당신이 머물고 있는 회사와 교회 그리고 가정을 '최고'라고 해석하는 것을 '선택'할 때, 그때부터 당신은 최고의 환경에서 최고의 삶을 살게 됩니다. 기억하십시오. 태도의 선택이 당신의 인생을 바꿉니다. 성공하는 삶의 태도를 선택하십시오.

06

주님께 매어 있는 삶을 선택할 때 진정한 자유를 얻습니다

많은 사람들은 진정한 행복이 무엇인지 잘 모르고 있다.
행복은 자기만족에서 얻어지는 것이 아니라,
가치 있는 일에 충실할 때 얻을 수 있다.
_ 헬렌 켈러

인간의 마음은 시시각각 변합니다. 단적인 예를 들자면 배고프면 배고파 죽겠다, 배부르면 배불러 죽겠다, 졸리면 너무 졸려서 죽겠다, 또 잠을 너무 많이 자면 피곤해 죽겠다 등, 하루에도 수십 번씩 바뀌는 것이 인간의 마음이지요. 이처럼 인간의 마음은 늘 변화하기 마련입니다. 사랑도 마찬가지입니다. 아무리 사랑하는 사이라 할지라도 마음이 변하는 한, 인간의 사랑은 영원할 수 없습니다. 사랑하는 마음만으로 한 사람과의 관계를 변함없이 영원히 유지하는 것은 결코 쉬운 일이 아닙니다. 책임감과 의무 그리고 익숙함이 관계를 유지하는 힘이 되지요.

하지만 우리를 끝까지 포기하지 않고 사랑하는 분이 있습니다. 바로 예수님입니다. 우리의 존재 그 자체만으로도 영원히 사랑해 주시지요.

자본주의 체제 아래서는 사람을 이용가치에 의해 판단하는 것이 일반화돼 있습니다. '나에게 얼마나, 어떤 이익이 되는가?'를 우리는 골몰히 따집니다. 그래서 자신에게 손해가 되거나 이익이 될 것 같지 않으면 우리는 그 사람을 멀리합니다. 이용가치에 의해 모든 것을 판단하는 거죠.

예수님은 그렇지 않습니다. 아무 쓸모없이 여겨지는 사람들, 가장 낮은 곳에 있는 사람들을 귀하게 여기십니다. '예수님를 믿는다'는 것의 핵심은 바로 이것입니다. 조건을 두지 않고 쓸모가 있든 없든 모든 사람을 무조건 사랑한 예수님의 사랑을 배워 실천하는 것이죠. 존재하는 모든 것을 사랑하고 품는 것이 우리가 평생 지켜가야 할 의무인 것입니다.

부족하고 실수 많은 사람을 사용하시는 하나님

좋은 일과 슬픈 일은 한꺼번에 일어나는 경우가 간혹 있습니다. 결혼식이 한 주에 대여섯 번씩 생기기도 하고, 교인들이 아파서 일주일 내내 병원에만 찾아가는 일이 생기기도 합니다. 하지만 여러 상황 중에서 가장 곤란할 때는 장례식이 한 주에 몰리는 때입니다. '결혼식은 못가더라도 장례식은 꼭 가자'가 제 삶의 철학이기 때문에, 전 하루에 서너 시간밖에 못자더라도 장례식은 빠짐없이 참석합니다.

어느 주에는 장례식이 다섯 번이나 있었습니다. 한 장례식에 최소 서너 번 이상 예배를 드리기 때문에 그 주에 저는 고인의 이름까지 헷갈릴 정도로 정말 힘들었습니다. 그렇게 힘든 한 주가 지나고 그 주 마지막 토요일 오후에 결혼식이 있었습니다. 그 결혼식에서는 제가 주례를 맡기로 돼 있어서 다시 밝은 색 옷으로 갈아입고 주례를 봤지요. 신랑 신부가 입장할 시간이 되자, 저는 이렇게 이야기했습니다.

"예식을 시작하겠습니다.
신랑 고(故) 김영철 군과 신부 고(故) 이영은 양이 입장하겠습니다. 먼저 신랑 입장."

그런데 제 말이 끝나자마자 장내가 갑자기 어수선해지고 어떤 사람들은 웃기도 했습니다. '내 목소리가 너무 작아서 그러나?'

그때까지도 전 영문을 몰라 다시 한 번 큰 소리로 앞에서 했던 말을 반복했습니다. 그런데 갑자기 결혼식을 보조하는 스태프들이 사색이 돼 저에게 손짓으로 사인을 보내는 게 아닙니까.

그제서야 저는 사태를 파악했습니다. 일주일 동안 다섯 번의 장례식에 참석하느라 이름 앞에 고(故)라는 말을 붙이는 것이 습관이 돼버렸던 겁니다.

황급히 "여러분 제가 이렇게 이야기하면 놀래실 거죠?"라고 말하며 간신히 수습했지만, 다리는 후들후들 떨리고 이마에서는 식은땀이 줄줄 흘렀습니다.

이렇듯 제 부족함을 족집게로 하나하나 다 집어냈다면 지금의 전 아마 없었을 겁니다. 저는 별 볼일 없는 사람입니다. 약점이 많은 사람인 거죠. 그래도 저를 사랑해주는 하나님과 교인들이 있기에 제가 지금 존재할 수 있었던 것입니다.

매어 있었기 때문에 예수님께 쓰임 받은 당나귀

예수님이 예루살렘 성전에 입성하던 날을 종려주일이라고 합니다. 이스라엘 백성들이 종려나무 가지를 흔들면서 예수님을 맞이했기 때문입니다. 그렇지만 유감스럽게도 종려나무 가지를 흔들며 예수님을 맞이하던 그 손은 얼마 지나지 않아, 예수님을 십자가에 못 박으라며 손가락질하는 저주의 손으로 바뀌었습니다. 어쨌든 그들은 이날의 주인공이 아니었습니다. 이날의 주인공은 바로 예수님이 타고 오셨던 나귀새끼였습니다.

아무도 주목하지 않았던 초라한 나귀새끼였지만, 그날 예수님께 유일하게 쓰임 받은 존재가 되었지요. 예수님은 왜 그 작은 나귀새끼를 타고 예루살렘에 입성했을까요? 그 기적 같이 중요한 일에 어떻게 쓰임 받을 수 있었을까요?

바로 매어 있었기 때문입니다. 매어 있어 순종하는 나귀새끼만이 사람을 태울 수 있습니다. 들에 있는 야생마나 길들여지지 않은 말은 사용할 수 없지요. 하지만 이 나귀는 오랫동안 짐을 나르는 일에 쓰였고, 그날 다시 쓰임을 받기 위해 매어 있었습니다. 마음대로 뛰어다니거나 쉴 수 있는 자유가 없었다는 이야기입니다. 자기가 하고 싶은 대로 할 수 없었지요. 이 나귀새끼는 한 발짝도 자기 의지대로 할 수 없었던 존재였던 것입니다.

사람들은 뭐든지 자유롭게 행동하길 원하지만, 실은 누군가에게 그리고 어딘가에 매어 있습니다. 인간관계나 재물, 혹은 명예에 매어 있는 거죠. 예수님은 "진리가 너희를 자유케 하리라(요

8 : 32)."고 말씀하셨습니다. 진리에 매어 있는 사람만이 자유로울 수 있다는 말입니다. 예수님께 쓰임 받으려면 하나님께 매어 있어야 합니다. 그래서 하나님께 쓰임 받을 때, 우리는 자유로울 수 있습니다. 예수에게 붙들린 삶을 사는 그때, 우리는 진정으로 자유롭습니다.

내 마음대로 사는 것은 방종입니다. 하나님은 야생마를 쓰시지 않습니다. 순종하고 길들여진, 매어 있는 나귀새끼를 썼습니다. 단지 내 마음대로 살 수 있다는 이유로 그 삶을 축복받은 삶이라고 할 수 없습니다. 그것은 오히려 죄입니다. 예수께 붙들린 사람이 자유로운 삶을 살 수 있습니다. 때로는 하나님 때문에 하지 못하는 것이 생길 수도 있습니다. 그것이 구속 같지만 예수께 붙들린 삶이고 참 자유입니다.

말씀에 매어 있을 때, 우리는 쓰임 받을 수 있습니다

예수님은 겸손하여 멍에를 매는 짐승의 새끼를 탔습니다. 소나 동물들을 키울 때 인간은 동물에게 멍에부터 씌웁니다. 그렇지만 사람은 물론이거니와 가축들 또한 무겁고 고통스런 멍에를 지는 것을 싫어합니다. 누가 자기 인생에 멍에를 지는 것을 좋아하겠습니까? 멍에는 구속이고 힘든 짐입니다. 그러므로 자기 인생에 멍에를 지고 사는 것을 누구나 싫어합니다.

하지만 역설적으로 주님은 멍에를 맨 나귀를 쓰십니다. 예수 믿는 그리스도에게 멍에는 무엇입니까? 그것은 바로 십자가입니다. 십자가를 지신 예수의 파트너는 바로 멍에를 맨 나귀입니다. 주님도 그 십자가를 지고 싶지 않았습니다. 하지만 자신이 멍에를 지어야만 우리의 멍에를 벗겨줄 수 있으니 그 어렵고도 힘든 길을 선택하신 것이지요.

오늘날 하나님은 어떤 사람을 축복하십니까? 바로 멍에를 맨 사람입니다. 비록 십자가의 멍에는 힘들고 고통스럽지만 우리는 멍에를 지고 가야 하는 사람이 되어야 합니다. 묵묵히 멍에를 매고 주인의 뜻만 따랐던 한 이름 없는 나귀새끼처럼 말입니다.

07

긍정적인 시각을
선택하는 사람이 성공합니다

좋은 일을 생각하면 좋은 일이 생긴다. 나쁜 일을 생각하면 나쁜 일이 생긴다.
여러분은 여러분이 하루 종일 생각하고 있는 것, 바로 그것이다.
_ 조셉 머피

뜬금없는 얘기로 들릴지 모르겠지만, 사과 한 박스를 맛없게 먹
는 법과 맛있게 먹는 법을 가르쳐드릴까요? 우선 맛없게 먹는 법
은 사과 박스를 열고 그 중 제일 못생기고 맛없게 생긴 것부터 골
라서 먹는 것입니다. 그러면 박스 안에 있는 사과를 다 먹을 때까
지 그 생각 하나만으로 사과를 고르기 때문에 끝까지 맛없는 사과
만 먹게 됩니다. 반면, 사과 한 박스를 맛있게 먹는 법은 박스를
열었을 때 제일 맛있게 생긴 것부터 먹으면 되는 것이죠. 그러면
그 사람은 사과 박스에 남은 마지막 하나의 사과까지 맛있게 먹을

수 있습니다.

사과 자체의 맛보다는 사과를 어떤 마음가짐으로 고르고 먹느냐에 따라서 사과의 맛이 결정된다는 말이겠지요.

긍정적인 시각을 가진 사람은 언제 어디서 무슨 일을 하든지 다른 사람에게 주목받습니다. 하나님도 마찬가지입니다. 그분도 긍정적인 사고방식을 가진 사람을 주목하시고, 그 사람에게 크고 놀라운 일을 할 수 있는 기회를 주십니다.

하나님이 주목하시는 삶은 긍정적인 삶

이스라엘 민족이 애굽을 빠져나온 뒤, 새로운 땅에 정착하려는 계획을 세웠는데 그곳은 가나안이라는 곳이었습니다. 하지만 가나안에는 예전부터 정착해서 살고 있는 사람들이 있었고, 이스라엘 민족은 그곳의 상황을 알아보기 위해 열두 명의 정탐꾼을 보내 상황을 파악하기로 했습니다. 요즘 말로 하면 일종의 스파이였던 셈이죠. 얼마 후, 가나안으로 떠났던 열두 명의 정탐꾼이 돌아와 상황을 보고했는데, 서로 다른 의견을 냈습니다. 이 점이 흥미롭지요. 정탐꾼 중 열 명은 가나안에 살고 있는 일곱 거인 족속에 비하면 우리는 메뚜기에 불과하고, 그렇기 때문에 전쟁을 하더라도 절대 승산이 없다는 부정적인 보고를 했습니다. 하지만 다른 두 명의 정탐꾼인 여호수아와 갈렙은 긍정적인 보고를 했습니다. 비록 우리가 그들에 비해서 모든 상황이나 조건이 왜소하지만, 여호와 하나님이 우리와 함께 하시기 때문에 싸워서 이길 수 있노라고 이스라엘 백성들을 향해 외친 것입니다.

그렇다면 서로 다른 말을 하는 열 명의 정탐꾼과 여호수아와 갈렙이 다른 것을 본 것일까요? 아닙니다. 이 열두 명의 정탐꾼은 똑같은 것을 봤지만 그것을 다르게 생각하고 평가내렸습니다. 열 명의 정탐꾼은 눈에 보이는 것으로만 상황을 판단했지만, 이 두 명은 남들이 보지 못하는 것을 보았습니다. 바로 비전을 보았던 것입니다. 또한 열 명의 정탐꾼이 극히 부정적인 보고를 하며 다시 애굽으로 돌아가서 노예로 살던지 광야에서 간신히 목숨만 부지하면서 사는 것이 더 유익이라고 한 반면에, 여호수아와 갈렙은 현실을 보지 않았습니다. 가나안은 젖과 꿀이 흐르고 메시아가 올 땅이며, 결국에는 해방되어 당당히 살 수 있을 거라는 비전을 보았던 것입니다.

결국 하나님은 2백만 명에 달하는 이스라엘 백성 가운데 긍정적인 이 두 명의 인물을 주목하셨습니다. 그래서 이들은 하나님 앞에 아주 특별한 인물이 됐습니다. 가나안 땅에 들어갈 수 있는 특권을 하나님께서 주신 것입니다. 비전을 본 그들에게 자신들이 원하던 가나안에서 살아갈 기회가 주어진 것이지요.

비전을 가진 사람은 비전을 향하여 움직일 수 있다

저는 신학대학을 졸업하고 아내와 함께 바로 아무 연고도 없는 안산으로 가 용감하게 교회 개척을 준비했습니다. 저희 교회를 소개하는 전도지 3만 장을 동네방네 붙이고, 사람들에게 나눠주기도 하면서 교회를 알리기 위해 땀을 흘렸지요. 그리고 한 달이 지나 첫 번째 예배를 드리는 주일이 됐습니다. 아직도 기억에 생생한 그날은 93년도 12월 첫째 주일이었습니다. 저는 예배에 앞서 마음속으로 하나님께 이렇게 기도했습니다. '하나님, 3만 장의 전도지를 저 혼자 뿌렸습니다. 300명의 신도들이 올 수 있도록 도와주세요.' 하지만 시간이 조금 지나니 불안해지기 시작했습니다. 저희 교회 규모가 크지 않았기 때문에 신도들이 많이 와도 다 들어올 수 없다며 스스로 합리화하기 시작한 것이지요. '하나님, 아닙니다. 첫 주니까 30명만 보내주세요.' 그것도 시간이 더 지나니 불안해졌습니다. 30명도 자신이 없었던 거죠. '하나님, 그래요. 30명도 많습니다. 3명만 보내주세요.'

3만 장의 전도지를 나누어줬으니 최소 3명은 오지 않겠냐고 생각하며, 준비한 설교를 외웠습니다. '이런 상황에서는 이런 식으로 이야기하고 제스처는 이렇게 취해야지'라고 하나하나 머릿속에 그려가며 제가 보기에도 완벽할 정도로 설교준비를 했습니다. 아내는 피아노 앞에서 반주를 준비했지요.

하지만 예배 시작시간인 11시가 되어도 예배당에 들어온 사람은 한 명도 없었고, 한동안 아내와 저는 적막감이 감도는 예배당에서 썰렁하게 굳어 있을 수밖에 없었습니다. '사람들이 좀 늦게 오려나보다'라고 스스로를 위로하며 30분을 기다렸지만, 역시 마찬가지였습니다. 할 수 없이 그날은 아내와 저 둘이서 예배를 드렸습니다. 예배시간 내내 절망감이 들었습니다. 아내를 앞에 앉혀놓고 설교를 하는데, 너무 떨려서 아내의 얼굴을 쳐다볼 수 없었습니다. 가끔 눈이라도 마주치면 얼마나 창피하고 어색한지…. 그저 설교원고에 얼굴을 파묻고 쉬지 않고 읽기만 했습니다.

두 번째, 세 번째 주에도 같은 일이 반복됐습니다. 전도지 3만 장을 뿌렸는데, 신도 3명 보내달라고 기도해도 안 보내주시는 하나님. 자신감은 점차 떨어지고 절망만이 가득 차올랐습니다.

여전히 신도들은 오지 않았지만 교회를 개척한 뒤 네 번째 주일을 맞이했습니다. 그런데 그날은 앞에서 한참 설교하고 있는 저는 아랑곳하지 않고 아내가 가방에서 뭔가를 꺼내기 시작했습니다. 처음에는 부스럭거리는 소리가 거슬리는 정도였지만 신경이 자꾸 쓰이고, 생각해보니 화가 나기 시작했습니다. 그렇지 않아도 둘 밖에 없는 예배당에서 설교를 하는 남편 앞에서 부스럭대다니요. 저는 아내가 예배시간에 새우깡을 먹는 줄 알았습니다. 사실 어떤 날은 하루에 다섯 봉지를 먹을 정도로 아내와 연애하면서 가장 많이 먹고 좋아했던 게 새우깡이었기 때문이죠.

'그래도 그렇지….' 정말 죽고 싶은 심정이었습니다. 결국 화가 나서 아내를 째려보기 시작했습니다. 그런데 아내가 가방에서 꺼낸 것은 새우깡이 아니라, 일회용 티슈였습니다. 티슈의 비닐봉지를 뜯는데, 그 소리가 새우깡 봉지 뜯는 소리로 들렸던 거죠.

아내는 설교 도중 연신 티슈로 눈가를 닦기 시작했습니다. 제가 바보가 아닌 이상 아내의 그런 울음의 의미를 모를 리 없지요. '나만 믿으라고' 큰 소리 쳐서 낯선 안산에 데리고 왔는데, 몇 주씩이나 둘이 앉아서 예배를 드리니, 아내도 설움이 북받쳤던 거죠. 그때는 마침 12월 마지막 주, 예수님의 탄생을 축하하는 성탄절 주일이었습니다.

아내의 눈물을 보며 저도 눈물을 참기위해 이를 꽉 깨물었습니다. 하지만 제 눈에서 눈물은 걷잡을 수 없이 흘러내렸고, 결국 예배를 잇지 못하고 우리 부부는 부둥켜 앉아 대성통곡을 했습니다. 성탄절 주일에 얼마나 울었는지 모릅니다.

그렇게 울면서 힘들게 예배를 마치고 강대상에 꿇어앉아 하나님께 기도를 했습니다.

'하나님, 이게 뭡니까? 너무 가혹하십니다. 저보고 어떻게 하라는 말씀이신가요.' 설움은 폭발하고, 눈물 콧물을 흘리며, 하나님께 감정을 쏟아내기 시작했습니다. 이제는 목회를 하지 않을 거라며, 하나님께 삿대질도 했습니다. 그러다 혼자 지쳐서 잠이 들었습니다. 그런데 꿈 속에서 하나님께서는 환상을 보여주셨습니다. 교회 빈 자리에 천사들이 가득 앉아 있는 모습을 말이지요. 현실에서는 신도들이 자리 잡지 않은 썰렁한 빈 자리마다 빛나는 광채가 가득했습니다. 그리고 어디선가 '아들아, 나는 너를 사랑한다. 너와 항상 함께 하고 있단다'라는 음성을 들렸습니다. 정말 선명한 꿈을 꾸고 일어나니 가슴이 뛰었습니다. '하나님께서 나에게 주는 메시지구나'라는 생각에, 다시 감사의 마음을 갖고 새 힘을 얻게 되었습니다.

그렇게 다섯 번째 주일을 맞았습니다. 네 번째 주일에 하나님의 사랑을 체험하고 나니 저에게는 용기가 생겼지요. 평소라면 11시 반에나 설교를 시작하던 저였지만, 그날부터는 용기를 내서

11시 정각에 예배를 시작했습니다. 여전히 아내를 제외하고는 아무도 없지만 큰 소리로 "다같이 머리 숙여 기도합시다"라고 외쳤습니다. 찬송도 있는 힘껏 온 마음을 다해 크게 불렀지요. 그리고 설교를 시작하기 전 오른 손을 들고 "할렐루야!"라고 인사했습니다. 실제 제 눈에 보이는 것은 수많은 빈 자리와 아내뿐이었지만 저에게는 보이지 않는 수많은 천사와 예수님이 함께 하신다는 믿음이 생겼습니다. 그런 저의 이상한 모습에 아내는 뒤를 보고 앞을 보며 의심 많은 도마처럼 이상한 눈으로 저를 쳐다봤습니다. 그런 아내에게 저는 이렇게 말했습니다. "여보 괜찮아. 주님이 함께 하시잖아."

그리고 기적이 일어났습니다. 개척한 지 5주 만에 교회 본당 문이 열린 것입니다. 그런데 열린 문 사이로 보이는 그 반가운 신도는 안으로 들어오지 않고 목만 빼꼼이 내밀고 예배당을 쳐다만 보는 것입니다. 그러다 예배를 드리는 사람이 제 아내 한 명뿐이니까, 실망하고 슬그머니 물러났습니다. 제가 그것을 본 시간은 단 2초 정도밖에 되지 않았지만, 모든 과정이 슬로우 비디오처럼 선명했지요.

저는 그 사람을 놓칠세라 외쳤습니다. "주께서 오라하신다." 그러자 그 사람이 나가다말고 멈추는 듯했습니다. 그렇게 5초 동안 밖에서 고민을 하다가 그는 머리를 긁적이면서 들어왔습니다. 그 사람과 함께 아내인 듯 보이는 여성분도 들어오셨습니다. 부부였지요. 사람이 얼마나 그리웠던지, 저는 그 부부의 눈을 보면서 설교를 하고 싶었지만, 그들은 하필이면 기둥 뒤에 앉아 제 눈을 피했습니다. 설교 도중 몇 번이나 제 눈을 피하자, 저는 '관둬라, 관둬'라 하면서 씁쓸한 마음으로 설교를 마쳤습니다. 그렇게 설교를 끝내고 아쉬운 마음으로 기도를 하는데, '등록을 희망합니다'라는 쪽지가 저에게 전해졌지요.

그날 오셨던 분 중 남자분이 훗날 저에게 이런 말씀을 하셨습니다. "전도사도 새파랗게 젊고, 이런 개척교회에 오면 고생스러우니까 예배 끝나면 빨리 도망가자고 아내에게 말했어요. 그런데 목사님의 설교가 어찌나 제 마음에 와닿는지, 설교 중간에 마음이 바뀌고 말았던 거죠."

자랑은 아니지만, 그런 시간을 견딘 저희 교회의 출석 교인은 5천 명이 넘습니다. 만일 제가 그때 그 빈 공간을 바라보고 절망했다면, 예배당을 찾는 사람의 수만 헤아리고 절망했다면 지금의 저는 절대 존재하지 않았을 것입니다.

하나님은 긍정적인 마음을 가지고 사는 사람을 주목하십니다. 그 마음은 남들이 보지 못하는 꿈과 미래를 보지요. 그것이 바로 비전이고요.

성공하기 원하십니까? 현실에 낙심하지 마시고, 그 현실 이면에
숨어 있는 당신의 비전과 하나님의 비전을 발견하시길 바랍니다.

08

사실에 사랑을 더한 삶이 진실한 삶입니다

사랑의 상처를 치유하는 유일한 길은 더 많이 사랑하는 것이다.
_ 헨리 데이비드 소로우

우리는 살아가면서 수많은 사건을 겪습니다. 사건에 따라 우리의 감정이나 생활방식이 달라지기도 하지요. 자, 여기서 제가 여러분에게 강조하고 싶은 것이 있습니다. 바로 사건보다 해석이 중요하다는 사실이지요. 행복한 사람들이란 '같은 사건'을 만나더라도 '남다른 해석'을 하는 사람들입니다.

예를 하나 들어보겠습니다. 많은 교회들이 주 5일제가 확대되면 주말마다 사람들이 다 휴가를 즐기기 위해 교회를 오지 않을 거라고 벌써부터 낙담합니다. 그분들은 한국 교회에 큰 위기가 올 거라고 생각하죠. 현상과 사실을 본다면 정말 그럴 것 같고, 충분히 그렇게 생각할 수도 있습니다.

하지만 한번 이렇게 생각해봅시다. 대한민국에 있는 모든 사람들에게 매주 놀러갈 만한 여유가 있을까요? 여름휴가 때를 돌이켜보세요. 휴가철이 되면 고속도로가 주차장이 되고 강이나 바닷가 등 피서지에서는 숙박할 방 하나 구하기도 하늘의 별따기만큼 힘듭니다. 주 5일제가 확실하게 정착되면 처음에는 모든 사람들이 휴가를 떠나기 위해 밖으로 나가겠지만, 시간이 조금 지나면 다시 집으로 돌아올 것입니다. 그러다 이제는 집에서 시간 보내는 것도 지겨우니 '교회 가는 게 제일 낫겠다'라고 생각할 수도 있을 겁니다.

그렇기 때문에 주말에 교회를 찾는 사람들을 위해 교회는 그들이 의미 있는 시간을 보낼 수 있도록 환경을 만들어주어야 합니다. 교회 주최 교양강좌, 등산이나 축구 동호회 등이 여기에 해당되겠지요. 교회가 이러한 사회 환경에 능동적으로 대처할 때 많은 가정이 화목해질 거라고 생각합니다. 제 생각이 지나치게 긍정적입니까? 하지만 주 5일제가 되면 한국 교회가 망하기라도 할 것처럼 이야기하는 것보다는 오히려 기회를 얻어 잘 되는 쪽으로 이야기하는 것이 훨씬 낫지 않겠습니까?

사실과 진실은 다릅니다

예수님을 믿는 사람은 사실이 아닌 진실을 말해야 합니다. 사실은 그저 우리에게 보이는 현상에 불과합니다. 하지만 진실은 우리에게 보이는 것 그 이상에 있는, 사실보다 더 중요한 것이지요.

신약성경에는 간음하다 붙들려온 여인이 등장합니다. 그당시 율법으로는 이웃사람들이 그녀에게 돌을 던져 죽이는 것이 당연합니다. 이것이 바로 사실이지요. 그러므로 이웃사람들은 사실을 사실대로 받아들이고 그녀를 처벌하려 했습니다. 하지만 예수님은 진실을 말씀하셨습니다. 그 진실은 바로 사실에 사랑을 더해서 말하는 것을 가리킵니다. 예수님이 사실을 있는 그대로 받아들이는 것이 아니라 그 위에 사랑을 더해서 바라보셨기 때문에 그 간음한 여인은 용서받을 수 있었습니다.

또 다른 예를 들어볼까요? 어느 철없는 아들이 아버지에게 많은 재산을 물려받고 집을 나갔습니다. 그렇게 집을 나가 아버지께 물려받은 재산을 창녀와 노는 것으로 흥청망청 쓰고, 도박을 하면서 모두 탕진했지요. 그런 아들이 다시 집으로 왔을 때, 그의 형은 아버지에게 "저런 녀석을 다시 아들로 받아주는 것도 도저히 이해할 수 없는데, 아버지는 왜 잔치까지 베풀어줍니까?"라고 따지듯이 물었습니다. 형의 말은 맞는 말입니다. 아버지의 돈을 갖고 집을 나갔던 동생은 아버지가 베푼 잔치를 받을 만한 자격이 없는 사람입니다. 형은 사실을 사실대로 말했을 뿐이지요.

하지만 아버지는 그 사실에 사랑을 보태서 봤기 때문에, 망나니 아들이지만 누구보다 소중한 아들이 돌아왔다는 것이 기뻐 손에는 금가락지를 끼워주고 소를 잡아 아들을 맞이한 것입니다.

어떤 생각이 드나요? 그렇습니다. 사실을 있는 그대로 말하는 것이 정직할 수도 있습니다. 하지만 하나님께서는 우리가 거짓 없는 사실을 말하되, 그 위에 사랑을 보태길 원하십니다. 진실을 말할 때, 우리는 상대방을 진정으로 용서해주고, 그들의 아픔을 함께 느낄 수 있는 마음의 여유를 가질 수 있기 때문이죠.

그리스도인은 진실을 말하는 사람입니다. 좋게 해석하면 좋은 일이 생기기 마련입니다. 그리고 어느새 마음이 평안해지죠. 나쁘게 해석하면 남들도 불편하지만 일단 내 자신이 불편함을 느끼게 될 것입니다. 다시 한번 강조하지만 사건보다 더 중요한 것은 해석입니다. 사실만을 바라보는 눈보다 세상을 아름답고 긍정적으로 바라보는 더 깊은 해석을 할 수 있는 마음을 가지시길 바랍니다.

진실의 눈으로 세상을 바라봅시다

유독 새들이 많이 모여 둥지를 트는 나무가 있습니다. 사람도 마찬가지로 만나면 평안해지고 왠지 힘이 나는 사람이 있습니다. 사람들은 당연히 그런 사람을 사랑하고 함께하고 싶어 하지요.

구약성경에 나오는 야곱은 열두 명의 아들이 있었습니다. 야곱은 열두 명의 아들 중 요셉을 제일 사랑했는데, 그 이유가 무엇인지 궁금하지 않나요? 내리사랑이라는 말을 다들 아실 겁니다. 야곱은 네 명의 아내 중 라헬을 제일 사랑했습니다. 그녀에게서 태어난 아들이 바로 요셉이었던 거죠. 그리고 요셉이 늦둥이라서 특별히 야곱의 사랑을 더 받았을지도 모릅니다.

여하튼 아버지 야곱이 요셉을 특별히 더 아끼고 사랑하니, 나머지 열한 명의 아들들은 서서히 불만을 가지기 시작했습니다. 그것이 질투가 되고 점점 더 커지자 결국에는 미움으로 변한 것입니다.

'아버지는 요셉만 사랑해. 우리는 다리 밑에서 주워 왔나보다' 라고 열한 명의 형들은 생각했을 겁니다. 이렇게 처음에는 조그마한 시기와 질투로 시작됐지만, 결국 그들은 자신의 친동생을 팔아넘기는 범죄를 저지르고 말았습니다. 그런 다음, 아버지에게는 '요셉이 우리를 만나러 오다가 맹수를 만나서 변을 당했습니다'

라고 거짓말을 했습니다. 열 명의 형들은 존재하지도 않는 사실을 꾸며서 한 인생을 철저히 파멸시킨 범죄를 저지른 것입니다. 작은 불만과 질투를 잠재우지 못하고 무서운 범죄를 저지르고 말았던 것입니다.

그렇게 형들의 계략에 의해 요셉은 애굽에 팔려가 자신의 주인인 보디발의 아내에게 유혹을 받고 이를 뿌리치지만 다시 유혹을 받아 감옥까지 들어가게 됩니다. 그 곳에서 갖은 고생을 하고 멸시와 천대를 받기도 하지만, 꿈 해석을 잘하는 것으로 인정을 받아 성공까지 이뤄냅니다. 결국 애굽의 국무총리가 되었지요.

그리고 세월이 흘러 가나안 지방에 기근이 들어 요셉의 식구들이 식량을 얻기 위해 애굽으로 오게 됩니다. 그런데 이게 웬일일까요? 당연히 죽은 줄만 알았던 동생이 애굽의 국무총리가 되어 있었던 겁니다.

아무리 보잘것없는 사람이라도 무시하면 안 됩니다. 열한 명의 형들 가운데 그 누가 요셉이 먼 타국의 국무총리가 될 줄 알았겠습니까? 사람의 가능성을 내다볼 수 있는 사람이 되어야 합니다. 선견지명을 가진 사람들은 사람을 겉모습이나 드러난 사실 그대로 보지 않습니다. '진실의 눈'으로 그 사람의 가치를 바라보는 것이지요.

열한 명의 형들은 요셉을 보는 순간 두려움에 떨며 이렇게 생각했습니다. '동생이 복수의 칼을 갈면서 우리를 기다렸겠지? 아마 절대 용서하지 않을 거야' 하지만 요셉은 형들의 예상과는 달리 "형님들, 두려워하지 마세요. 형님들은 절 해치려 했지만, 하나님은 그것을 선으로 바꾸셨습니다"라고 말하며 형들을 너그러이 맞았습니다. 그렇습니다. 하나님은 악을 선으로, 절망을 희망으로, 실패를 성공으로, 버려진 자를 귀한 사람으로 쓰십니다. 열한 명의 형들이 요셉을 팔아버리는 지금의 인신매매라는 큰 죄를 저질렀음에도 불구하고, 그 모든 것을 결국 선한 것으로 바꾸신 것은 하나님의 놀라운 사랑인 것이지요.

사건은 하나이지만 해석은 다릅니다

앞에서 얘기한 열한 명의 형들이 요셉을 지나가는 상인들에게 팔았던 이 사건을, 형과 요셉은 전혀 다르게 생각합니다. 형들은 너무나도 크고 절대 용서받지 못할 죄를 지은 것으로 생각하고, 그렇기 때문에 용서라는 것은 있을 수 없는 일이라고 해석하지요. 하지만 요셉은 이 사건을 전혀 다르게 해석합니다. 하나님께서 하신 일이라고 해석한 것이지요. 자신이 지금처럼 너무도 감사한 영광을 받기 위해, 지금 이때를 위해서 하나님이 계획하신 것이라고 요셉은 말합니다. 형들의 시각과 요셉의 시각은 이렇게 달랐습니다. 사건은 하나지만 그 해석을 어떻게 하느냐에 따라 하늘과 땅 차이의 결과를 얻는 것입니다.

또 다른 예를 들어볼까요? 한 신발회사가 아프리카에서 시장개척을 하기 위해 조사차 직원 두 명을 보냈습니다. 그런데 먼저 조사를 위해 떠난 직원이 이렇게 보고했습니다. "제가 그곳을 조사한 결과, 아프리카 사람들은 한 명도 신발을 신고 다니지 않는다는 안타까운 사실을 확인했습니다. 그러므로 아프리카에서는 신발을 팔 가능성이 없습니다." 하지만 뒤이어 조사를 끝낸 직원은 전혀 다른 말을 했습니다. "정말 기쁜 소식입니다. 아프리카에 사는 모든 사람들은 아직까지도 신발을 신고 있지 않습니다. 엄청나게 넓은 시장이 보입니다. 당장 거기에 공장을 짓고 신발사업을 시작해야 합니다."

똑같은 사건을 두고도 사람에 따라 해석하는 것이 너무도 다릅니다. 그 해석에 따라 달라질 수 있는 것은 상상할 수 없을 정도로 무한하지요. 이처럼 사건보다 해석이 중요합니다. 요셉처럼 긍정적인 방향으로 해석해야 합니다. 아무도 신발을 신지 않았기에 절망하지 않고, 오히려 신발을 팔 수 있는 가능성으로 해석했던 그 신발회사 직원처럼 말이죠.

오늘도 하나님은 이런 긍정적인 사람을 찾고 계십니다. 긍정적인 삶은 우리의 선택에 달려 있다는 것을 명심하시길 바랍니다.

09

어떤 해석을 선택하느냐에 따라 인생이 달라집니다

당신이 태어난 이유를 찾아라. 무슨 사명을 이루기 위해 이곳에 왔는가?
하나님은 평범한 모든 사람들에게 자신의 목적을 달성할 수 있는 능력을 주셨다.
_ 마틴 루터 킹

훌륭한 목수는 나무를 그저 꼼짝하지 않고 서 있기만 하는 단순한 나무로 보지 않습니다. 그 나무에 감춰진 무한한 모습들, 즉 훌륭한 가구의 모습을 그립니다. 미켈란젤로는 어떻게 이런 훌륭한 조각 작품을 만들어냈냐고 주위 사람들이 물었을 때 "전 그저 이 돌 가운데 인간의 형상이 아닌 부분만 깎아냈을 뿐입니다"라고 말했다고 합니다.

사람도 자신의 작품을 만들기 위해 계획하고 실천하듯, 하나님도 마찬가지로 무슨 일이든 먼저 계획하고 그것을 실천합니다. 우리가 미처 깨닫지 못해서 그렇지만, 하나님이 만든 창조물은 모두 그분의 계획인 것이지요. 승승장구 성공하거나 나락에 떨어지는 듯한 실패를 거듭할 때도, 걱정 없이 건강하거나 불현듯이 병이 들 때도, 이 모두가 하나님의 계획이며 그 속에는 예술가가 작품을 만들 때 깊이 고민하고 계획하듯이 뜻이 있는 법이죠.

그렇기 때문에 무슨 일이 일어나든지 우리는 하나님의 메시지가 무엇인지를 깨닫기 위해 노력해야 합니다. 공중을 유유히 나는 참새 한 마리도, 길가에 아무렇게 핀 풀 한 포기라도 하나님의 계획 아래 있지 않은 것이 없습니다. 하나님의 섭리는 우리가 짐작할 수 없을 만큼 깊고 오묘한 법입니다.

그런 하나님의 섭리를 믿고 의지하는 것이 바로 신앙입니다. 하나 예를 들어볼까요? 눈 위에는 눈썹이 있죠? 이 눈썹이 머리카락처럼 길게 자라나지 않는 것도 하나님의 섭리입니다. 의학적으로 설명하자면, 자라나기는 하지만 끝이 자꾸 마모된다고 하지요. 얼마나 세심한 하나님의 계획입니까? 이처럼 세상 만물, 모든 사건에는 하나님의 뜻이 있습니다.

원숭이가 전도하는 교회, 우리는 행복합니다

저희 교회는 좋은 교회입니다. 제가 저희 교회라는 이유로 무조건 좋다고 우기는 거라고 생각하는 분들이 있을 수도 있지만, 아닙니다. 모든 것을 좋게 보려고 노력하니 어느새 좋은 교회가 되었을 뿐입니다. 그러나 단 한 가지 늘 아쉬운 것이 있었습니다. 저희 교회가 안산이라는 공업도시에 위치하다 보니 자연을 접할 기회가 별로 없다는 것이지요. 그러다 보니 아무래도 저희 교회를 찾는 신도들의 정서가 약간은 메말라 있는 것이 사실입니다. 전 이 부분이 항상 마음에 걸렸습니다. 자연을 가까이에서 자주 느낄 때만이 얻을 수 있는 따뜻한 마음이나 인간미를 얻지 못하기 때문이지요. 물론, 이러한 환경의 가장 큰 피해자들은 바로 자라는 아이들이고요. 그래서 저는 교인들 전체를 위해서이기도 하지만 특별히 아이들을 위해서 미니 동물농장을 만들었습니다. 토끼, 원숭이, 공작, 조랑말 등을 사고 한 귀퉁이에 우리를 만들어 놓았던 거죠. 지금은 매일같이 수백 명이 그 동물농장을 방문합니다. 어머니가 간식으로 먹으라고 준 바나나를 몰래 주고 가는 어린 꼬마들도 많이 있답니다.

그러던 어느 날 저는 재미있는 일을 경험했습니다. 주일 날 저희 교회에 등록하겠다고 등록카드를 낸 한 교인이 자신을 전도한 사람을 '원숭이'이라고 썼지 뭡니까? 보면 볼 수록 신기해서 그분에게 그 이유를 물어보니, 그분이 이렇게 대답하셨습니다. "아이들하고 원숭이 보러 가끔 이 동물농장에 놀러오곤 했습니다. 한두 번 오다보니 '참 이런 교회도 세상에 다 있구나'라는 호기심이 들어 예배에 참석하기 시작했고, 교인으로 등록하게 되었습니다. 그러니 저를 전도한 사람이 바로 원숭이지요."

이것뿐만 아닙니다. 저희 교회는 레포츠 교회이다 보니 많은 사람들이 주중에 운동하러 옵니다. 그런데 어느 날 스님들이 단체로 운동을 하기 위해 저희 교회에 왔지요. 안내를 맡는 사람들이 어찌할 줄을 몰라 당황하자, 저희 교회 부목사님 한 분이 뛰어가 합장을 하면서 "할렐루야"라고 했습니다. 그러자 역시 당황한 스님들도 합장을 하면서 "아멘"이라고 했다고 합니다.

교회가 교회다운 게 뭐라고 생각하십니까? 십자가와 예배당만 있으면 교회일까요? 한 영혼이라도 구원하려는 하나님의 넓고도 깊은 사랑이 가득한 곳이 바로 교회입니다. 다시 한번 강조하고 싶습니다. 건물 자체가 교회는 아닙니다. 교회를 찾는 모두가 그리스도의 몸이고 예수의 증인입니다. 그들이 모인 곳이 바로 성전이자 교회인 셈이죠.

그런데 교회가 세상과 절대 소통할 수 없는, 건너지 못하는 강이 되는 게 무슨 의미가 있겠습니까?

그래서 전 교회를 건축하기 전 교인들에게 이렇게 말하며 설득했습니다. "우리는 남이 안 하는 일을 합시다. 새로운 교회의 모델을 만들어 봅시다." 교인들은 대부분 제 의견을 따라주었지만 일부에서는 '틀림없이 우리 교회가 타락할 겁니다'라는 비판의 의견이 제시된 것도 사실입니다. 하지만 제 신념은 확고했습니다. 교회의 문턱을 낮추고, 불신자들도 좋아하는 교회를 만드는 것은 저희들의 만족이나 도취가 아니라 분명 하나님의 영광을 위한 것이라는 확신 말이죠.

평안하게 해석할 때, 삶이 풍요로워 집니다

앞부분에서 말씀드렸던 요셉 이야기를 조금 더 해볼까요? 요셉은 애굽에서 자신이 겪은 모든 일을 고생이라고 여기지 않고 하나님의 뜻이라고 여기면서 감사했기에 아름다운 순간을 맞이할 수 있었습니다.

요셉 앞에서 형들은 겁에 질린, 비극적인 해석을 했습니다. 하지만 요셉은 평안하게 해석했습니다. "하나님께서 작게는 우리의 가정과 크게는 민족의 구원을 위해서 형들에게 잠시 미운 마음을 주셨기 때문에 일이 이렇게 된 것입니다. 전 형들을 조금도 원망하지 않습니다. 하나님이 하신 일이기에 전 아무래도 괜찮습니다.” 이렇게 요셉은 같은 상황이라도 긍정적인 해석을 했습니다. 요셉이 이렇게 평화롭게 생각하니 나라와 가족이 평안해진 것이지요.

이런 긍정적인 태도를 '선택'했기에 요셉은 감옥에서도 천국을 누릴 수 있었습니다. 감옥생활이 아니라 천국생활을 한 셈이죠. 그가 가는 곳마다 기쁨과 은혜가 넘쳤습니다.

전 세계, 무한히 넓은 곳 중에서 왜 하나님이 지금 이곳에 여러분을 보내셨을까요? 하나님의 뜻이 있기 때문입니다. 여러분이 머물고 있는 회사와 교회 그리고 가정을 '최고'라고 생각하고 해석합시다. 독선과 교만은 멀리하고 그러한 긍지를 가지고 살자는 말입니다. 반드시 조건과 상황이 그래서가 아닙니다. 여러분이 머물고 있는 상황을 최고라고 해석하는 것을 '선택'할 때 여러분은 정말 최고의 환경에서 최고의 삶을 살게 됩니다. 기억하십시오. 태도의 선택이 여러분의 인생을 바꿉니다.

10

내 것을 비우는 선택을 해야 합니다

비록 좁고 구부러진 길이라도,
사랑과 존경을 받을 수 있는 길이라면 계속 걸어가라.
_ 헨리 데이비드 소로

어느 날 저희 교회에 출석하다 서울로 이사를 간 한 청년이 저에게 전화를 했습니다. "목사님 안녕하세요." "응, 그래 오랜 만이구나. 잘 지내지?" "네, 목사님 덕분에 잘 지내고 있습니다. 축하해주세요. 제가 이번에 결혼을 합니다. 그래서 부탁드릴 게 있어 전화드렸습니다."

이쯤 되면 전 이 청년이 무슨 말을 할지 99%는 알아맞힐 수 있습니다. 주례를 부탁하는 것이지요. 제가 나이는 그리 많지 않지만 지금까지 새로운 출발하는 223쌍의 주례를 해봤기 때문에 이 청년의 전화도 으레 그러한 것이겠거니 했습니다. 그래도 제가 '그래, 내가 주례 서줄게' 하며 덤벼들 수는 없으니, 애써 반가운 기색을 감추면서 "그래, 부탁이 뭐니?" 하고 물었습니다. 그런데 이 청년의 부탁은 전혀 제가 예상할 수 없었던 것이었습니다. "목사님, 오셔서 축가 좀 불러주세요."

지금 솔직히 고백하자면 그 말을 듣고 기분이 상한 것은 물론이고, 자존심까지 상했습니다. 속으로 '내가 얼마나 바쁜 목사인데…. 주례를 부탁해도 해줄까말까 하는데, 축가를 불러달라고? 녀석 참 맹랑하네.' 이런 말이 목 언저리까지 올라왔지만 그런 말은 차마 하지 못하고, 그래도 정중하게 거절을 해야겠다는 생각에 "아, 그래? 스케줄 좀 확인해보고. 될 수 있으면 가도록 노력해볼게. 근데 다른 일정이 있으면 못 갈수도 있어." 제 나름대로는 요령 있게 거절한 것이라고 생각하고 전화를 끊었습니다. 그런데 비서에게 스케줄을 물어보니 개똥도 약에 쓰려면 없다고 '나 원 참!', 그날따라 스케줄이 유독 깔끔하게 비어 있는게 아니니까? 목사 양심상 거짓말하고 안 갈 수도 없고, 한참을 고민한 끝에 가기로 결정했죠.

그런데 막상 가려고 결혼식장 위치를 물어봤더니 제가 사는 곳에서 왕복 4시간이나 걸리는 곳이었습니다. 차를 몰고 가는 도중에도 계속 화가 났습니다. '내가 얼마나 바쁜 목사인데…. 차는 왜 이렇게 막혀!' 결혼식장에 도착해서도 심드렁하게 그 청년에게 인사한 후 앉아서 축가순서를 기다렸지요.

이윽고 축가순서가 돼 사회자가 저를 불렀고, 화가 나기는 하지만 마음을 가라앉히고 최선을 다해서 노래를 부르자고 마음먹고 무사히 축가를 마쳤습니다. 여하튼 예식이 끝나자마자 얼른 혼자 내려와 식당에서 밥을 먹고 있는데, 갑자기 그 교회 목사님과 장로님들이 내려와 저에게 깍듯하게 인사하는 겁니다. 그리고 다들 "평소에 목사님을 잘 알고 좋아했는데, 오늘 이 먼 곳까지 오셔서 축가 불러주시는 모습을 보고 존경하기로 마음먹었습니다. 정말 감동적이었습니다"라고 말하며 제가 갈 때까지 몇 번씩이나 인사를 하셨습니다.

그때 전 결심했습니다. 앞으로 축가만 불러야겠다고요.

사실 이런 이야기를 여러분께 해드리면서도 참 제 자신이 부끄럽습니다. 예수님께서는 인간을 위하여 낮고 낮은 인간의 모습으로 이 땅에 오셨고, 온갖 멸시와 천대를 받았습니다. 그러면서도 십자가에 못 박혀 죽기까지 우리를 사랑하셨는데, 저는 제 알량

한 자존심만 내세웠으니 말입니다.

우리는 겸손하게 남의 입장에 서서 상대방을 바라볼 필요가 있습니다. 지금 자신의 자리만 고집할 때 우리는 편협하고 이기적인 사람이 될 수밖에 없기 때문입니다. 목사라는 번지르르한 위치만 내세워 결혼식 축가 부르는 것을 창피하게 여겼던 저처럼 말이죠.

내 것을 줄 때, 더 큰 채움이 있습니다

구약에 나오는 아브라함과 롯의 이야기입니다. 롯은 아브라함의 조카인데, 둘은 양을 치며 살아갑니다. 그런데 하나님께서 서로에게 주신 은혜로 인하여 양 떼의 숫자가 많아졌고 마침 그 곳에 기근이 생겨 양떼를 먹일 만한 목초지도 부족해졌습니다. 그래서 아브라함과 롯의 목자들 간에 다툼이 자꾸 생기게 되었고, 아브라함은 이제 롯을 떠나보내야 할 시기가 됐다고 생각했습니다. "너와 나는 한 골육이 아니냐? 네 목자들과 내 목자들이 서로 다투어서야 되겠느냐? 네 앞에 얼마든지 땅이 있으니, 따로 나가서 살림을 차려라. 네가 왼쪽을 차지하면 나는 오른쪽을 가지겠고, 네가 오른쪽을 원하면 나는 왼쪽을 택하겠다.(창세기 13장 8~9절)"

아브라함은 롯에게 먼저 좋은 땅을 선택할 수 있도록 기회를 주었습니다. 네가 왼쪽을 차지하면 나는 오른쪽을 가지겠고, 네가 오른쪽을 원하면 나는 왼쪽을 택하겠다는 아브라함의 배려는 롯에 대한 극진한 사랑에서 비롯된 것이었습니다. 하지만 이런 아브라함의 자세는 결코 쉬운 일이 아닙니다. 지금까지 자신이 곁에서 보살펴줬던 조카에게 좋은 땅을 먼저 주고 황무지를 가진 아브라함. 바보가 아니면 어느 누구도 이런 결정을 내리지 않을 겁니다. 하지만 아브라함은 양보할 수 없는 상황에서 양보했습니다.

믿음의 조상이 된 아브라함은 물질보다는 의리, 이익과 소유보다는 평화를 선택했습니다. 이것은 그가 얼마나 넓고 넉넉한 마음을 가지고 있는지 이야기해줍니다. 성경에도 '주는 자가 복이 있다'고 했습니다. 다른 사람에게 많이 나누어 주시길 바랍니다. 자신의 것을 자꾸 주다보면 처음에는 '내가 손해를 보는 게 아닌가?'라는 의구심이 들 수도 있습니다. 하지만 결국에는 나누어주는 사람이 반드시 앞서나가게 돼 있습니다. 조카 롯에게 옥토를 양보했지만, 결국 예전보다 더 큰 부자가 되었던 아브라함처럼 말이죠.

인생은 마라톤과 같습니다. 처음에 전력질주해서 선두에 선 사람이 결승선을 넘을 때도 이길 것 같지만, 결국에는 과욕을 부리지 않고 자신의 페이스를 유지해나가는 사람이 승리합니다. 주는 사람이 성공합니다. 주는 만큼 하나님이 그 사람에게 채워주기 때문입니다.

내 것을 비울 때 하나님의 축복을 받을 수 있습니다

가나의 혼인잔치 때도 예수님은 포도주가 다 바닥이 나자, 물을 포도주로 바꾸는 기적을 보여주셨습니다. 그렇습니다. 내 것을 다주고 없을 때, 주님이 그 빈 공간을 채워주시는 법입니다.

아브라함처럼 우리는 마음을 나눠주는 데 써야 합니다. 손해 보는 쪽을 선택하는 게 양보이지만 양보하면 분명 승리합니다. 양보하고도 잘 되는 것, 줄 것 다주고도 잘 되는 것이 축복이기 때문입니다.

나누어주고 양보하고 베푸는 삶을 살기 바랍니다. 우리가 조금만 다르게 생각하고 말하면 하나님께서는 우리를 다르게 보시고 구분하여 쓰십니다. 힘든 현실을 있는 그대로 받아들여 낙심하지 말고, 고난에도 주님의 뜻이 있다고 생각합시다.

그 고난의 뒤편에는 주님의 축복이 있습니다. 남이 보지 못한 것, 깨닫지 못한 것, 남이 가지 않으려는 길을 가는 사람이 성공합니다. 그 선택은 여러분에게 달려 있습니다.

▌ QUESTION of the CHOICE

1 당신은 진정으로 예수님께 붙들린 삶을 살기 위해 어떻게 노력하고 있습니까?

2 당신은 모든 상황에서 긍정적인 시각을 선택하며 살고 있습니까?

3 당신은 진실한 눈으로 세상을 바라보려고 노력하고 있습니까?

4 당신을 하나님이 지금 이 곳에 보낸 이유가 무엇입니까? 당신의 사명과 비전은 뚜렷합니까?

5 당신은 남들에게 양보하고 베푸는 삶을 살고 있습니까? 구체적으로 떠오르는 사례를 말해봅시다.

3 COURAGE
환경을 극복하는 용기

우리는 어제까지 행복한 삶을 살았더라도, 오늘 다시 낙심하고 좌절합니다. 이것이 인간의 한계입니다. 하지만 하나님은 우리 인생을 통합적으로 보십니다. 우리의 지금과 미래 그리고 영원을 보시고, 날마다 우리에게 용기와 희망을 주십니다.

11

말에 지배받지 않는 삶은 용기 있는 삶입니다

꿈을 이루고 싶다면 긍정적인 말과
희망적인 태도를 지닌 사람과 손을 잡으십시오.
_ 무명 씨

'은혜 받았다'라는 말의 뜻은 생각이 변화해서 행동으로 옮겨지고, 그래서 사람의 삶이 변화하는 것을 말합니다. 즉, 우리가 은혜를 받으면 생각이 변하고 삶이 바뀐다는 말입니다.

하지만 우리 삶은 어떻습니까? 너무나 자주 그리고 심각하게 말에 의해 지배를 받지 않습니까? 은혜에 의해 움직여야 할 우리 인생이 혹시 말에 의해 좌지우지되고 있지는 않은지요? 얼마 전 미국의 한 잡지에서 읽은 일화를 하나 소개할까 합니다.

당신은 그림을 그리는 데로 될 것입니다

페기 콜이라는 한 여성이 있었습니다. 안타깝게도 의사에게 자궁암 말기라는 진단을 받았다고 합니다. 그래서 이 여인은 죽을 날만을 기다렸습니다. 6개월 밖에 살지 못한다는 담당의사의 진단을 그대로 믿고 6개월, 5개월 … 죽음의 날을 기다리며 카운트 다운했습니다. '난 며칠 밖에 못살아'라는 생각에 몰골은 갈수록 초췌해지고, 말할 기력조차 상실해 갔습니다. 그러던 어느 날, 같은 교회에 다니는 어떤 교인이 그녀를 위로하기 위해 병문안을 갔습니다. 예쁜 컵과 잔을 준비해서 정성스레 차를 끓여 그녀에게 따라주었습니다. 페기는 "고마워요"라고 이야기한 후 힘겹게 컵을 들었습니다. 손은 부르르 떨리기 시작했습니다. 페기가 컵을 입 가까이 댄 후 마시려고 하는 순간, 컵에 쓰인 '끝까지 포기하지 마세요'라는 글귀를 보았습니다. 그녀를 병문안 오기 전 교인이 미리 써놓은 글씨였던 것입니다. 페기는 이 글을 보는 순간 마음에 말로 형용할 수 없는 기운이 감돌기 시작했습니다.

'그래, 난 한번도 암세포와 싸우려 하지 않았어. 그저 죽을 날만 기다렸어. 어차피 죽을 거라면, 암세포와 싸워봐야겠어'라고 다짐했습니다. 어느새 새로운 용기가 솟아오르기 시작했고, '하나님, 나 암세포와 싸울거예요. 끝까지 힘을 주세요'라고 간절히 기도했습니다.

페기는 그 후부터 아름다운 풍경을 그림을 머릿속에 그리기 시작했고, 좋은 생각만 하려고 노력했습니다. 그러던 어느 날 창밖을 바라보던 페기는 놀라운 광경을 목격했습니다. 집 마당에서 토끼가 오렌지를 갉아먹고 있었던 겁니다. 자칫 아무 의미도 없는 광경일는지 모르나, 페기에는 특별한 의미로 다가왔습니다. 페기는 그 광경을 보면서 '내 몸 속 암세포도 백혈구가 저렇게 갉아먹어서 없어질거야'라는 확신이 들었습니다. 그 후 페기는 점점 기운이 나길 시작했습니다. 그녀 주위에 모든 것을 보면서 좋은 쪽으로 머릿속에 그림을 그리기 시작했습니다. 놀랍게도 기적이 일어났습니다. 암세포가 사라지기 시작한겁니다. 얼마 후 의사를 다시 찾았을 때, 의사는 "당신 몸 암세포는 이제 완전히 사라졌습니다. 정말 믿기지 않는 기적같은 일입니다'라고 자신도 놀라워했습니다.

전 아직도 페기가 쓴 맨 마지막 말이 뇌리에서 지워지지 않습니다.
'당신이 그림을 그리는 대로 될 것입니다.'

여러분은 지금 무슨 그림을 그리십니까? 인생에 대해서 혹시 낙담하고 있지 않습니까? 이미 머릿속에 부정적인 그림들로 가득

차 있지는 않습니까? 좋은 그림을 그려야 합니다. 저는 늘 그런 그림을 그리고 삽니다. 교회가 부흥되는 그림, 마지막 여생을 주님 앞에 쓰임 받는 그림을요.

예배만 성공해도 인생은 성공합니다

예배는 믿음 생활에서 가장 중요한 요소입니다. 하지만 요즘 주위 크리스천들을 보면 걱정부터 앞섭니다. 주일 날 교회에서 우리의 모습을 한번 돌이켜봅시다. 각종 봉사, 교제, 그리고 성경 공부… 우리에게 예배는 어느새 멀어져 있지 않습니까?

분명하게 못박아두고 싶습니다. "우리 인생은 예배다"라고요. 지금은 어느 젊은 목사의 말 한마디에 불과할지도 모르지만, 전이 말이 기독교인들이 가장 목숨걸고 지켜야할 원리라고 조금도 믿어 의심치 않습니다. 어쩌면 훗날 소크라테스의 말보다 더 위대한 말이 될지도 모릅니다. 제가 한 말이 아니라 하나님께서 하신 말이기 때문입니다. 우리 삶은 예배로 시작해서 예배로 끝난다고 해도 과언이 아닙니다. 출생예배와 장래예배까지, 심지어는 천국에 가서도 예배는 끊임없이 드려야 할 우리의 가장 큰 임무입니다.

요즘 들어 한국교회가 침체되었다는 소리를 많이 듣습니다. 왜 그럴까요? 핵가족화 때문일까요, 교회가 사회적인 책무를 다하지 못해서일까요, 아니면 국민소득이 증가돼 종교의 필요성이 사라졌기 때문일까요? 모두다 조금씩은 관련 있습니다. 하지만 가장 중요한 요소는 바로 예배를 목숨걸고 드리지 않기 때문입니다. 예배의 중요성이 너무 간과되고 있습니다. 요즘 유행하는 말로 "예배 그까이꺼 대충~"이 되지 않았습니까?

대충할 게 따로 있지, 예배는 절대 대충해서는 안 됩니다. 예배는 최선을 다해야 합니다. 예배만 성공하면 인생을 성공할 수 있습니다.

여러분께 질문 하나 드리겠습니다. 예배는 드리는 것입니까? 보는 것입니까? 그렇습니다. 예배는 드리는 것입니다. 예배를 볼 수 있는 분은 오직 하나님뿐입니다. 우스개 소리일지는 몰라도 '예배보자' 또는 '예배봤다'라고 말하는 분은 하나님과 같다는 말을 하고 있는 겁니다. 물론 의도하고 그러는 분은 없겠지만요. 다시 한번 말하지만 예배를 받으시고 보시는 분은 하나님뿐이십니다.

성도의 삶 가운데 가장 중요한 것이 예배입니다. 이것은 아무리 강조해도 지나침이 없습니다. 요한복음 4장에서 예수님께서는 어떤 예배가 좋은 것인지 말해주고 있습니다. 사역을 마치신 예수님께서 목이 말라 우물가에 가셨지만, 물을 떠마실 도구가 없었습니다. 때마침 사마리아 여인이 물을 길으려 왔습니다. 이 사마리아 여인은 다섯 번이나 이혼을 한, 그 당시 사회적 통념으로 볼 때 매우 부도덕한 여인이었습니다. 그런 여인에게 말을 거는 자체로만도 상식에 어긋난 일이었던 거죠. "어떻게 나에게 물을 달라고 합니까?" 여인의 이런 반응은 당연한 것입니다.

삶의 희망을 잃고 좌절과 낙심에 빠진 여인에게 예수께서는 한 가지 해결책을 줍니다. 예수께서는 여인에게 신령과 진정으로 하나님께 예배드리라고 말씀하십니다.

그렇습니다. 예배만이 삶을 회복하는 유일한 방법입니다.

삶이 힘들고 어렵습니까? 예배를 통해서만 여러분은 어려움을 이겨낼 수 있습니다. 그렇다면 예수님께서 말한 '신령'과 '진정'의 의미가 무엇일까요?

첫째, 신령이라고 하는 것은 거룩하고 깨끗한 것을 말합니다. 하나님께서는 우리가 신령한 몸과 마음으로 예배를 드리라고 하십니다. 신령하지 않은 몸과 마음으로 드리는 예배는 하나님께 전달되지 않습니다. 우리가 죄를 고백하고 죄사함을 받았을 때,

우리는 신령하게 하나님께 예배드릴 수 있습니다. 하나님이 우리를 축복하실 때, 우리는 신령해야만 합니다. 그래서 하나님께서 우리들에게 신령으로 예배하라고 하신 겁니다.

저는 비록 목회자이지만 수없이 많은 난관에 처하게 됩니다. 하나님께서는 제 목회에 근심과 고난을 주십니다. 제 마음을 가난하게 만드시기 위해서입니다. 구할 것은 하나님 밖에 없다는 사실을 늘 저에게 말씀해주시고 있는 겁니다. 어린 아이가 배가 고파야 엄마를 간절히 찾듯, 제 마음이 가난해지지 않으면 하나님을 찾지 않기 때문입니다. 저의 간절한 기도도 날마다 깨끗해지는 신령한 마음을 가지는 것입니다.

둘째, 진정으로 예배해야 합니다. 진정이라는 말은 진리라는 뜻입니다. 그렇다면 뭐가 진리일까요? 예수님이 진리입니다. 길이를 재려면 자가 필요하고, 무게를 측정하기 위해서는 저울이 필요한 법입니다. 그리고 우리 인생의 표준을 찾기 위해서는 예수님이 필요한 법입니다. 예수님만이 세상을 살아가는 데 가장 중요한 것은 표준입니다. 우리의 표준은 예수입니다. 예수님에게 우리의 표준을 맞추면 그것이 바로 진리입니다.

예수께서는 "내가 곧 진리요 생명"이라고 하셨습니다. 그래서 진정으로 드리는 예배는 진리 안에 드리는 예배인 것입니다.

높은 곳에 계신 주를 찾아라

예배에 성공이 곧 인생에 성공입니다. 예배를 심혈을 다해서 드리길 바랍니다. 예배가 살면 가정이 살고, 예배만 살면 교회가 살 것을 믿습니다.

사도 바울은 골로새서에서 "위의 것을 찾으라"라고 말합니다. 더불어 땅에 것을 생각하지 말라고 했습니다. 사람은 높은 데 올라가서 봐야 합니다. '등산할 때 길을 잃으면 다시 올라가라' 라는 법칙은 우리 삶에도 그대로 적용됩니다. 인생의 어려움이 닥쳐오면 우리는 정상에 올라가서 다시 내 위치가 어디인지 알아봐야 합니다. 세상에서 살다가 길을 잃을 때, 위로 올라가야 합니다. 즉, 하나님 우편에 계신 주님에게까지 올라가야 합니다. 예수님처럼 생각하는 것이 가장 좋습니다. 예수님처럼 생각하면 절대로 실패하지 않을 것입니다. 우리 생각이 자꾸 땅의 것을 생각하기에 실패하고 좌절하는 것입니다. 예수처럼 생각하면 절대로 망하지 않을 것이라고 저는 확신합니다.

신령과 진정으로 예배하는 자를 하나님께서 찾으십니다. 예배는 '보는 것'이 아닙니다. 예배 '드리는' 사람 가운데 하나님께서 쓰실 사람을 찾습니다. 하나님께서 골라쓰신다는 말입니다. 신령과 진정으로 예배드리는 자를 하나님께서 쓰십니다.

그냥 공부만 열심히 하는 사람들, 예배는 뒷전이고 봉사만 하는 사람들은 하나님께서 절대 쓰시지 않습니다. 예배 없는 성경 공부와 봉사는 허무합니다. 성공하고 싶다면 먼저 예배에 성공하는 사람이 되길 바랍니다. 잊지 마십시오. 바로 신령과 진정으로 드리는 예배가 성공하는 예배입니다.

12

받아들이는 삶에 달콤한 안식이 있습니다

이 세상이 어떠해야 하고 또 안 그럴 경우에 비판하기보다는,
우리는 이 세상을 있는 그대로 받아들일 필요가 있다.
_ 로버트 호치하이저

예수님께서 골고다 언덕 십자가에 달리셨습니다. 그때 예수님의
좌우편에는 흉악한 범죄를 저지른 강도 두 사람이 예수님과 함께
십자가형을 받고 있었습니다. 서기관들과 제사장들은 예수를 모
욕하고 비방했습니다.

예수와 함께 십자가에 달린 강도 중 하나도 예수를 모욕하면서
"네가 그리스도가 아니냐. 너와 우리를 구원하라"고 말했습니다.
그러나 다른 하나는 그 사람을 꾸짖으며 "네가 동일한 정죄를 받
고서도 하나님을 두려워 아니하느냐. 우리는 우리의 행한 일에

상당한 보응을 받는 것이니 이에 당연하거니와 이 사람의 행한 것은 옳지 않은 것이 없느니라."

그러고 나서 예수님을 향하여 이렇게 이야기합니다. "예수여 당신의 나라에 임하실 때에 나를 생각하소서."

예수께서 그를 향해 말씀하십니다.

"내가 진실로 네게 이르노니 오늘 네가 나와 함께 낙원에 있으리라."

받아드리는 죄인에게 주어지는 축복

인생을 행복하게 살기 위해서는 일어난 일에 대해서 책임을 질 줄 알아야 합니다. 하지만 대개 우리는 자신 때문에 벌어진 일에 대해 책임을 회피하거나 10%, 20%식으로 부분적인 책임만 지려고 합니다. 하지만 이런 자세로는 절대 행복한 삶을 살 수 없습니다. '내 탓이요'라고 자신의 잘못과 책임을 인정하고 스스로 낮아질 때에만 새로운 인생을 살 수 있는 것입니다.

두 강도는 똑같이 십자가의 극형을 받는 상황에 처해 있었지만 다른 생각을 했습니다. '나는 정말 재수 없게 걸려서 매달려 있다'라고 생각한 강도는 세상과 예수를 향해 저주의 독설을 퍼부었습니다. 형벌을 받아 마땅한 죄를 저질렀음에도 불구하고 자신이 처한 상황을 책임지고 받아들이려 하지 않았습니다. 하지만 또 다른 강도는 자신의 죄를 받아들이고 책임을 지려는 자세를 보입니다. '내가 이 십자가의 형벌을 받는 것은 당연하다. 나는 죽어도 마땅한 사람이다'라고요. 두 번째 강도가 특별한 생각을 한 것이 아닙니다. 그저 그 상황을 인정하고 받아들였던 것뿐입니다.

사람이 어떤 삶의 새로운 출발을 하려면, 먼저 종지부를 찍어야 합니다. 과거를 과감하게 끊어야 합니다. 이것이 바로 회개입니다. 자기의 잘못과 상황을 받아들이고, 인정할 때 사람은 비로소 새로워집니다.

살다보면 안 좋은 일이 많이 생깁니다. 숱하게 발생하는 이런 불행한 일로부터 빨리 탈출하는 것은 그냥 그 현상을 받아들이는 것입니다. 누가 나에게 심한 말을 하거나, 비판을 당했을 때 그냥 '내가 부족하구나. 이런 점을 고쳐야 겠다'라고 인정하면 마음이 편해집니다. 남편과 아내 간에도 많은 문제가 발생합니다. 각자가 상대방의 잘못만을 탓하고 자신은 아무 잘못이 없다고 이야기하면 그 관계는 불행해집니다.

의인들에 둘러싸인 한 명의 죄인 이야기

알렉산더 대왕이 노예선을 방문한 적이 있습니다. 배 안에서는 수많은 죄수들이 쇠사슬에 매어 노를 젓는 비참한 생활을 하고 있었습니다. 이들에게 호기심이 생긴 알렉산더 대왕은 죄수들에게 "너는 여기에 왜 왔느냐?"라고 물었습니다.

많은 죄수들에게 물었지만 그 대답은 한결 같았습니다. "전 너무 억울합니다. 누명을 쓰고 왔습니다. 저는 죄가 없습니다. 왕이시여, 저를 구원하소서"라고요. 거기에 있는 죄수들은 한결같이 자신의 결백을 왕에게 호소했습니다.

그런데 유독 한 죄수만 아무 말도 하지 않고 묵묵히 노만 저었습니다. 역시 궁금해진 알렉산더는 그 죄수에게도 같은 질문을 던졌습니다.

"너는 어떤 죄를 짓고 여기에 왔느냐? 다른 죄수들은 모두 자신의 결백을 주장하느라 아우성인데, 어찌하여 너는 아무 말이 없느냐?"

"왕이시여 나는 벌을 받아 마땅한 죄인입니다." 죄수의 대답은 간단했습니다. 그러고는 왕을 의식하지도 않고 다시 노를 집어들었습니다.

이에 알렉산더 대왕은 이렇게 이야기했습니다.

"여봐라. 이 배에는 있는 사람은 모두 의인이다. 그런데 왜 죄인 한 사람을 여기에 두느냐? 의인들이 이 죄인에게 물들까봐 두렵구나. 죄인을 당장 집으로 돌려보내라."

자신이 벌을 받아 마땅한 죄인이라고 고백한 이 죄인은 석방됐습니다. 이 이야기에서 우리는 어떤 감동을 얻을 수 있습니까? 우리는 부족한 존재이며 늘 죄를 지을 수밖에 없는 죄인이라고 인정할 때, 거거서부터 하나님의 자비와 은총이 시작됩니다.

두 번째 강도는 침착하고 차분하게 죄를 받아들였습니다. 그것이 그의 운명을 바꿨습니다.

어려움을 만났을 때, 그냥 인정하고 순리대로 받아들이십시오. 아마 여러분이 예상하지 못한 좋은 결과가 여러분을 기다리고 있을 겁니다. 자기 상황을 받아들이고, 인정할 때 새로운 출발이 가능합니다. 자신의 죄를 받아들인 두 번째 강도처럼요.

어머니 괜찮아요, 그냥 받아들이세요

제가 초등학교 4학년이었던 어느 날, 학교에서 돌아오는 길이었습니다. 보슬비가 내려 온 몸이 젖은 채로 집에 돌아왔을 때, 주인집 아주머니가 새파랗게 질린 얼굴로 저를 기다리고 있었습니다. 아주머니는 저를 보자마자 "학중아! 큰일 났다. 네 어머니가

다 죽게 생겼어!" 하고 저를 잡고 흔들었습니다. 저는 머릿속이 하얘진 상태로 멍하니 있었는데, 주인집 아주머니는 빨리 아버지를 찾아보라고 저를 다그쳤습니다. 하지만 전 그때 아버지를 찾을 여력이 없었습니다. 그저 어머니가 보고 싶을 뿐이었습니다.

어머니는 생계를 위해서 닥치는 대로 여러 가지 일을 하고 있었습니다. 연탄을 찍어 팔기도 하고 막일도 나갔습니다. 비가 오는 날이면 재래시장 안에 있는 튀김집의 일손을 도왔는데, 그것이 불행의 씨앗이 되었던 것입니다. 그날도 어머니는 비가 온다는 이유로 튀김집 일손을 돕고 있었습니다. 집에서 고구마 같은 채소들을 썰어서 튀김집에 가져다주기만 하면 되는 일이었습니다.

그런데 커다란 고무함지에 채소를 잔뜩 담아 이고는 튀김집에 들어가던 어머니는 물기 묻은 고무신이 미끄러워 그만 넘어지고 말았습니다. 그냥 넘어지기만 한 것이 아니라, 넘어지면서 펄펄 끓고 있던 기름 솥을 엎어뜨려 온 몸에 기름을 뒤집어쓰고 말았던 것이었습니다. 다행이 목숨은 건지셨지만, 이후 어머니는 온 몸의 화상 때문에 속옷 하나 걸치지 못한 채 방 한 구석에 알몸으로, 그것도 눕지도 못한 채 앉아 있어야만 하는 신세가 됐습니다.

어머니는 그때부터 화상의 상처와 마음의 상처를 동시에 가슴에 안고 살아가셨습니다. 괴로움에 신음하던 어머니를 보면서 자식인 저도 마음에 큰 상처를 받았습니다. 대중목욕탕에 한 번 가는 게 소원인 어머니. 하지만 성인이 되고나서 전 어머니에게 "받아들이세요, 괜찮아요. 누가 쳐다보면 그런가 보다 하면서 받아들이세요"라고 말씀드립니다. 어머니는 자신의 모습을 그대로 받아들이셨고, 이제는 더 이상의 열등감이나 콤플렉스를 느끼시지 않습니다. 저 또한 그런 어머니가 자랑스럽고 또한 감사합니다.

어머니와 저는 있는 상황을 그대로 받아드렸고, 외부의 시선으로부터, 내부의 열등감으로부터 자유로울 수 있었습니다. 말 못할 사연들이 있습니까? 그대로 받아들이고 한번 감사해보세요. 여러분의 운명이 바뀔 것입니다.

13

순간보다는 영원을 생각하는 용기가 필요합니다

숲을 걸었다. 길이 두 갈래로 갈라졌다.
나는 인적이 드문 길을 택했다. 그리고 모든 것이 달라졌다.
_ 로버트 프로스트

앞서 나온 두 강도 이야기를 조금 더 하려 합니다. 두 번째 강도는 순간보다 영원을 생각했습니다. "예수여, 당신의 나라에 임하실 때에 나를 생각하소서." 하지만 구원받지 못한 첫 번째 강도는 예수를 조롱하며 "지금 당장 나를 살려보라"고 했습니다. 구원받은 강도는 죄의 대가를 지금 받더라도 천국에서 영원히 살고 싶다고 생각을 했던 겁니다.

이 생각이 바른 전략입니다. 믿음의 사람은 오늘보다는 내일을 생각합니다. 육체보다는 영혼, 순간의 만족보다는 영혼의 기쁨을 추구하는 사람이 진정으로 성공하는 사람의 자세인 것입니다.

미래가 있는 사람들은 행복하다

키에르케고르의 '철새 이야기'는 우리에게 귀중한 교훈을 줍니다. 겨울이 되자 철새들은 남쪽으로 날아가기 시작했습니다. 한참 가다보니 배가 고팠습니다. 모두는 밑에 황량하게 펼쳐진 옥수수밭을 보고 내려앉았습니다. 맛있는 옥수수로 배를 불린 철새들이 말했습니다. "이제 출발하자." 그때 유독 한 마리의 철새가 무리와 같이 떠나지 않고 주저앉아 말했습니다. "이렇게 맛있는 옥수수를 두고 오늘 어떻게 떠나? 하루만 더 먹고 내일 떠나자." 이 철새는 결국 혼자 남게 되었고, 이런 생활을 며칠 동안 반복했습니다. 그러던 어느 날 정말 떠나지 않으면 안 되게 되었습니다. 흰눈이 내리고 있었기 때문입니다. 철새는 하늘을 향하여 날개를 펼쳤습니다. 그러나 맛있는 옥수수를 오랫동안 먹으면서 살이 찐 철새는 움직일 수가 없었고, 결국 눈 속에 파묻혀 죽고 말았습니다.

이것이 어리석은 사람들의 모습이라고 말할 수 있습니다. 내일내일하면 오늘은 허망하게 끝나고 맙니다. 하려면 오늘 해야 합니다. 미래를 생각하며 지금 움직여야 미래가 행복해질 수 있다는 것을 이 '철새 이야기'는 우리에게 말해주고 있습니다.

앞을 볼 줄 알아야 합니다. 구원 받은 이 강도는 영원을 봤습니다. 여기서 죽는 것은 어쩔 수 없지만, 예수님을 받아들이고 곧 다가올 영원의 세계를 갈망했던 겁니다.

데이비드 시멘즈라는 심리학자가 한 말입니다. "사탄이 인간을 유혹할 때, 가장 효과적인 방법은 이것이다. 너는 미래가 없다. 그래서 어떠한 꿈도 꿀 수 없다."

꿈과 미래가 없는 사람들은 곧 파멸할 수밖에 없습니다. 미래가 있는 사람들이야 말로 진정 행복한 사람들입니다.

나의 미래를 발견해준 귀중한 사건

한 소년이 있었습니다. 어린 나이에 삶의 어두운 면을 속속들이 알아 버린 눈동자에는 두려움과 분노가 어려 있었습니다. 아무것도 할 수 없을 것 같은 패배감에 젖어 아무하고도 얘기하기 싫었고, 사람들과 눈길을 마주치는 것조차 어색해 하던 그 소년은, 어느 날 교실 맨 뒷자리에 앉아 있다가 지원자가 아무도 없다는 이유로 원하지도 않던 웅변반에 들게 됩니다.

사람들 앞에 서서 큰 소리로 말해야 하는 웅변은 소년에게 너무나 고통스러운 형벌이었습니다. 자신감이 없었기 때문에 더욱 그러했습니다. 그러데 웅변을 새롭게 보게 되는 계기가 소년에게 찾아옵니다. 기어들어가는 목소리로 쭈빗쭈빗 속삭이던 소년이 반대표 웅변선수로 뽑힌 것입니다. 웅변반 학생이 오직 그 소년 하나뿐이었기 때문입니다. 어찌되었든 소년에게는 새로운 충격이었습니다. '내가 반을 대표하는 선수로 뽑히다니…' 그때부터 소년은 조금씩 마음을 열고 목소리를 내어 열심히 웅변을 연습하기 시작했습니다.

다행인지 불행인지 심사위원은 웅변반 선생님과 담임선생님 두 분뿐이었고, 특별히 뛰어날 것도 없는 아이들 사이에서 소년은 전교에서 일등을 차지하게 됩니다. 그동안 그 누구에게도 주목받지 못했던 소년이 웅변으로 학교 전체의 주목을 받게 된 것입니다. 전교에서 일등을 한 그 소년은 자의반타의반으로 시 웅변대회를 준비하게 됩니다.

그때부터 소년은 웅변반 선생님의 특별지도를 받습니다. "하나면 하나요, 둘이면 둘이요…"이렇게 시작된 발성연습은 "만이면 만이요"까지 하지 않으면 집에 돌아갈 수 없을 만큼 고되게 진행되었습니다. 처음에는 모기 소리만큼이나 작은 소리를 내다가 선생님이 "다시!" 하고 외치는 소리에 화들짝 놀라 거듭하기를 몇 차례. 나중에는 선생님이 없어도 일사천리로 만까지 할 수 있게 되었습니다.

웅변반 선생님의 헌신적인 지도는 여기서 끝나지 않았습니다. 배에 힘을 주고 소리 지르는 법부터 눈동자 굴리는 법에 이르기까지 섬세한 지도가 뒤따랐습니다. 소년은 선생님의 도움으로 차츰 웅변의 묘미에 빠져들게 되었고, 사람들 앞에 나서는 것이 조금씩 쉬워지기 시작했습니다. 그러면서 소년은 스스로에 대해서도 자신감을 갖게 되었습니다. 소년은 말하는 즐거움을 알아가면서, 자기 주장을 소리내 말하는 것이 굉장히 즐거운 일이라고 차츰 느끼기 시작했습니다.

드디어 시 대회에 출전한 소년의 영예의 우승을 차지하게 됩니다. 또 거기에 그친 것이 아니라 여세를 몰아 도대회와 전국대회까지 진출하게 됩니다.

외로움과 두려움에 휩싸여 늘 한 쪽 구석에 숨어 지내던 소년. 사람들과 마주치기 싫어 좀처럼 입을 열지 않던 그 소년이 당당하게 사람들 앞에 서서 자기 주장을 밝히는 용감하고 말 잘하는 아이로 변신한 것입니다.

그 소년은 자라서 날마다 강단 위에서 설교하는 목사가 되었습니다. 지금의 그를 보고 그 옛날의 소년을 떠올리는 사람은 아무도 없습니다. 그 소년이 바로 이 글을 쓰고 있는 필자입니다. 보잘 것없던 저를 붙들고 밤을 새워가며 연습을 시키셨던 그 웅변반 선생님은 저에게 웅변기술보다 더 귀중한 선물을 주셨습니다.

바로 저의 미래를 발견하게 해주셨습니다. "학중아, 지금은 선생님이 원망스럽겠지만 언젠가는 날 고맙게 여길 게다"라고 말씀하셨던 그 웅변 선생님의 자상한 모습이 아직도 뇌리 속에서 지워지지 않습니다.

구원받은 두 번째 강도는 그 영원을 생각했습니다. "예수여, 당신의 나라에 임하실 때에 나를 생각하소서"라고 절규한 그 두 번째 강도는 자기 영혼을 주님께 맡기고 영원한 안식을 받았습니다. 돈과 학력이 우리의 운명을 바꾸지 않습니다. 우리의 작은 '생각의 변화'가 운명을 바꿉니다. 우리의 생각은 미래를 지향해야 합니다. 현재의 달콤한 안위보다는 다가올 미래의, 영원의 진정한 행복을 추구해야 합니다. 순간보다 영원을 생각하면 우리는 행복할 수 있습니다.

14

배워서 남주는 삶이 아름답습니다

너 자신을 누구에겐가 필요한 존재로 만들어라.
_R.W. 에머슨

지금 우리가 사는 사회를 가리켜서 다원화된 사회, 급속도로 변화하는 사회, 혼란한 사회라고들 표현합니다. 물론 다 맞는 말이지만 저는 특별히 '경쟁력의 사회'라고 표현하고 싶습니다. 경쟁력이라는 것은 싸워서 이길 수 있는 자신만의 특별한 능력을 말합니다. 사람들은 저마다 경쟁에서 이기기 위해서 힘을 기릅니다. 힘과 능력이 있어야 이기고 앞서 나갈 수 있기 때문입니다.

재물을 가진 사람들은 재물을 많이 모으는 것이 힘이라고 생각합니다. 그래서 그 사람들은 돈을 모으는 데 혈안이 돼 있습니다.

권력도 명예도 마찬가지입니다. 많은 사람들이 그런 것을 의지해 힘을 키우고 경쟁에서 이기려고 노력합니다.

하지만 솔직히 이야기해봅시다. 돈, 지식, 명예… 이것만 가지고는 왠지 모르게 안 될 것 같은 느낌이 듭니다. 경쟁력 시대에 그 정도 가지고 경쟁에서 이길 수 없다고 많은 사람들은 느끼고 있습니다. 좀더 차별화된 것, 좀더 새로운 것, 좀더 독특한 것. 이런 무기들을 가지고 있어야 치열한 경쟁의 사회에서 살아남는 최후의 인물이 될 것이라고 믿고 있습니다.

이러한 무기들을 얻기 위해 사람들은 끊임없이 배우려고 노력합니다. 여러분들도 '샐러던트'라는 말을 들어봤을 겁니다. 샐러던트라는 말은 샐러리맨과 스튜던트의 복합어입니다. 직장을 다니지만, 여전히 학교 다닐 때와 같이 끊임없이 공부하는 사람을 뜻합니다. 구조조정, 명예퇴직 같은 미래에 다가올 불행에 대비해, 자격증을 따고 제2, 제3의 인생을 준비하는 사람을 말하는 거지요. 요즘 학원가가 밀집되어 있는 곳에 가면 학생보다는 직장인들이 더 많다는 건 이미 오래전 일입니다.

토끼와 여우의 다른 점 한 가지는 무엇일까

아는 것이 힘이라는 말이 있듯이 사람들은 배워야지 경쟁에서 이길 수 있습니다. 하지만 더 중요한 것은 '무엇을 배워야 하는가?' 입니다. 무조건 아무것이나 다 안다고 해서 힘이 되지 않습니다. 무엇을 아느냐에 따라 그 힘의 정도가 달라지는 거죠. 누구에게 무엇을 배웠냐에 따라서 인생이 달라진다는 말입니다. 사람이 배울 때는 왜 배워야 하는지 그 '목적'이 분명하지 않으면 그것은 분명 헛수고입니다. 배움에는 그 목적이 분명해야 합니다. 그 목적이 배움의 태도 뿐 아니라 인생을 살아가는 태도 또한 결정하기 때문입니다.

한 마리 여우가 숲 속에서 토끼를 잡기 위해 필사적으로 쫓아다녔습니다. 여우가 토끼를 잡았을까요? 못 잡았습니다. 여우는 한 끼 식사를 위해 토끼를 쫓아 뛰어갔지만, 토끼는 살기 위해 뛰어갔기 때문입니다. 이처럼 어떠한 목적을 가지고 행동에 임하느냐에 따라 우리가 취하는 태도는 판이하게 달라집니다.

얼마 전 아이 둘과 아내와 휴가를 간 적이 있습니다. 근데 한 가지 큰 실수를 저지르고 말았습니다. 휴가를 간다는 그 설렘에만 도취되어, 가족 중 누구도 어디에 가자고 이야기하지 않았기 때문입니다. 어디로 갈지 정하지 않고 무작정 출발했던 겁니다. 고속도로 인터체인지가 다가오자 전 아내와 아들들에게 그제야 "어디 갈래?"라고 물었습니다. 두 아들은 에버랜드, 아내는 온천이라고 대답했고, 전 설악산이나 치악산에 가자고 건의했습니다. 고속도로의 인터체인지는 자꾸 가까워오는데 의견이 한데 모아지기는커녕 서로간의 싸움이 나고 만 것입니다. 한참을 말다툼하다가 결국 집으로 돌아오고 말았습니다.

처음부터 어디에서 무엇을 할지, 즉 목적지를 정하지 않고 움직였기 때문입니다. 가는 게 중요하는 것이 아니라 어디로 가느냐가 중요합니다.

목적 없는 배움은 불행한 일입니다

배움의 목적이 생계유지를 위해서라면, 지위를 유지하기 위해서라면, 우리는 한평생을 의미 없는 삶을 사는 것입니다. 목적 없이 배우면 안 됩니다. 뭔가 분명한 목적을 가지고 배워야 그 시간과 노력은 값진 것이 됩니다. 목적을 가진 배움만이 사람을 바꾸기 때문입니다.

대표적인 예가 군대입니다. 군에 입대한 젊은이들은 훈련소에서 6주 동안 신병훈련을 받습니다. 그런데 이 6주가 사람을 바꾸어놓습니다. 자기 자신은 실제 잘 모릅니다. 그런데, 그 아들이 100일 휴가 나올 때, 부모들은 깜짝 놀랍니다. 군대가서 6주 훈련 받고 100일휴가 때 전에 보지 못한 늠름하고 씩씩한 모습을 보이기 때문입니다. 사람이 달라지는 거죠. 군대가서 6주 만에 바뀝니다. 목적이 있는 훈련을 받기 때문입니다.

우리가 배우면서도 변화되지 않는 대부분의 이유는 그 배움의 목적이 불분명하기 때문입니다. 제대로 알아야 힘이 됩니다. 사람이 잘못된 배움을 가지게 되면, 그 사람의 인생이 어떻게 되겠습니까? 언론에 보도되는 범죄를 보면 머리좋은 사람들이 죄를 짓는 경우가 허다합니다. 그런 사람들에게는 배움이 자신에게 짐이 되고 자신을 퇴보하고 주저앉게 만듭니다.

우리가 배운 것 중에 잘못 배운 게 있습니다. 배움의 최종 목적이 '내가 잘 되기 위해서다' 라는 생각입니다. 그래서 남을 무조건 앞질러야 한다고 우리는 어릴 적부터 배웁니다.

어느 아주머니가 일곱 살짜리 아이를 데리고 옆집에 놀러갔습니다. 옆집 아주머니가 사과 하나를 주자 이 아이는 고맙다는 말도 안하고 한손으로 그 사과를 받았습니다. 당황한 아이 어머니가 "어른들에게 무엇을 받으면 어떻게 해야하지?" 하고 아이에게 물었습니다. 그러자 아이는 대뜸 이렇게 대답했다고 합니다. "깎아주세요."

비록 우스갯소리일지는 몰라도 이 이야기는 우리에게 시사하는 바가 큽니다. 우리 아이만 최고가 되어야 한다는 잘못된 가치관이 요즘 아이들의 태도와 인성을 망치고 있기 때문입니다. 아이들이 점점 고마움과 겸손함을 잃어가고, 자꾸 이기적이 돼가고 있다는 비판은 저와 여러분이 가슴 깊이 되새겨야 할 겁니다.

배워서 남주는 삶이 아름답습니다

여러분 배움의 목적이 무엇이었습니까? 나 잘되기 위해 배우고, 나 잘되기 위해서 애들을 가르치지는 않았는지요. 그런 목적으로 이룬 배움과 지식은 내 삶의 '수고하고 무거운 짐'이 될 수밖에 없습니다. 우리들은 배워서 남들과 경쟁하다보니 '경쟁의 멍에'를 메고 삽니다. 배우는 목적이 우리만 잘되기 위해서기 때문입니다. 경쟁의 멍에는 결국 나에게 수고와 무거운 짐이 됩니다. 우리가 예수를 믿으면서도 경쟁의 멍에를 가지고 있으면 진정한 쉼과 안식은 찾아오지 않을 것입니다.

슬픈 얘기 하나 전해드리겠습니다. 40대 초반의 모 은행 지점장의 이야기입니다. 이분이 자살을 하면서 남긴 메모 한 장은 우리 시대 아픔의 자화상이라고 할 수 있습니다.

"여보 미안해. 얘들아 미안해. 너희들은 이 아빠처럼 살지 말아라."

그 40대 지점장은 성격이 온순하고 다른 사람과 잘 어울리는 사람이었습니다. 하지만 IMF 경제위기가 찾아왔을 때 회사에서 명예퇴직을 강요당하는 수치를 겪었습니다. 전체 은행에서 그가 맡은 지점이 매출액에서 최하위를 기록했기 때문입니다. 그때 이 사람이 충격을 받고 혼자 마음속으로 이렇게 다짐했습니다. '기어코 일등을 하겠노라'라고 말입니다. 사람 좋고, 동료들을 유달리 배려하던 그 지점장이 변하기 시작했습니다. 어느새 일이 최우선이 되었을 뿐 아니라 성과를 높이기 위해 수단과 방법을 가리지 않습니다. 그리고 이듬해에는 동료들을 누르며 전체 은행에서 당당히 실적 1위라는 영광을 얻었습니다.

그 지점장은 실력을 인정받고 가장 좋은 은행에 지점장으로 발령 받았습니다. 하지만 그는 영광을 얻기 위해 너무 많은 것을 희생해야 했습니다. 자기 주변에 있었던 좋은 사람들이 자기 곁을 다 떠나고만 것입니다. 높이는 올라갔지만 기댈 사람이 아무도 없었습니다. 외로움이 밀려오고 얼마 지나지 않아 극도의 우울증이 찾아오기 시작했습니다. 결국 그는 스스로 목숨을 끊었습니다.

치열한 경쟁의 시대에 배우는 것은 우리의 절체절명의 과제가 아닐 수 없습니다. 하지만 그 배움의 목적이 나를 위해서가 될 때, 우리는 불행해질 수밖에 없습니다. '배워서 남주냐'라는 속담이 아니라, 배워서 남줄 수 있는 사람이 될 때, 그 배움이 가치 있고 의미 있는 배움이 되리라 믿습니다.

15

용기 있는 삶을 살기 위해서는 변화해야 합니다

희망이 도망치더라도 용기를 놓쳐서는 안 된다.
희망은 때때로 우리를 속이지만, 용기는 힘의 입김이기 때문이다.
_ 부데루붸그

나의 관점과 하나님의 관점이 충돌하면 어떻게 해야 할까요? 너무 쉬운 질문인가요? 그렇습니다. 하나님의 관점에 따라야 합니다.

우리는 어제까지 행복한 삶을 살았다 하더라도, 오늘 어려운 일이 생기면 그 일 때문에 다시 좌절하고 낙심합니다. 이것이 인간의 부족한 관점이지요. 하지만 하나님은 우리의 인생을 통합적인 관점으로 보십니다. 매순간 순간마다 나를 평가하시는 게 아니라 전체를 보시고 우리에게 희망과 용기를 주십니다.

우리는 스스로의 인생을 과거의 관점으로 보지만, 하나님은 언제나 미래의 관점으로 봅니다. 우리는 부정적으로 평가하더라도 그분은 긍정적으로 평가합니다. 우리는 미움의 관점으로 세상을 바라보기도 하지만, 하나님은 언제나 사랑의 관점으로 세상을 바라보십니다.

여러분의 관점이 하나님의 관점으로 바뀌길 바랍니다. 그것이 세상을 행복하게 사는 비결이니까요.

좋은 사람과의 만남이 인생을 변화시킵니다

한 사람이 위대해지기 위해서는 여러 사람의 도움이 필요한 법입니다. 혼자서는 절대 위대한 업적을 이룰 수 없죠. 사도 바울도 마찬가지입니다. 물론 그가 가지고 있는 역량과 하나님께서 주신 은사도 많은 영향을 미쳤겠지만, 사실 더 중요한 것은 그 주변의 좋은 사람들의 많은 도움이었습니다.

우리는 각자 '내 인생에 저 사람을 만나지 않았으면 어떻게 될까…' 하며 안도의 한숨을 쉬게 하는 사람이 있습니다. 사도 바울에게도 이런 사람이 있었습니다. 그 사람이 바로 오네시모입니다.

오네시모는 노예인데, 자기가 섬기던 주인인 빌레몬의 물건을 훔쳐서 도망갔다가 다시 붙들려서 감옥에 들어온 절도범입니다.

세상적인 관점으로는 일말의 희망도 보이지 않는 실패한 인생일 수도 있습니다. 하지만 이 사람이 사도 바울에게 있어서 평생에 잊을 수 없는, 자기의 목숨같이 소중한 사람이 되었습니다. 어떻게 이런 일이 일어났을까요?

세상은 넓고도 좁습니다. 오네시모가 절도죄로 감옥에 들어왔는데, 그 방에는 마침 바울이 있었습니다. 그도 예수님의 복음을 전하다가 옥살이를 하게 된 거죠. 그리고 사도 바울의 입장에서는 감옥에서 저절로 전도할 만한 사람을 만난 것이지요.

이 오네시모는 사도 바울의 복음을 받아들이고 회개합니다. 지나온 삶을 반성하고 참 그리스도인이 되었습니다. 노예이자 절도범이었던 오네시모는 바울의 영향으로 새사람으로 변화한 것입니다. 게다가 사도 바울은 오네시모의 주인인 빌레몬과 각별한 사이였습니다. 그래서 사도 바울은 빌레몬에게 이렇게 편지를 씁니다.

"당신의 종 오네시모가 지금 저와 같이 있습니다. 그러나 이 오네시모는 예전의 오네시모가 아닙니다. 복음 때문에 변화 받고 새로운 사람이 됐습니다." 이렇듯 사람은 복음 때문에 변화되어야 합니다. 감정에 의해 좌우되는 신앙은 오래가지 못합니다.

모든 사람에게 무익하던 오네시모가 유익한 사람으로 바뀌었습니다. 절도범과 노예라는 딱지를 달고 무시와 편견의 대상이었던 이 오네시모가 복음 때문에 모든 사람에게 유익한 사람이 된 거죠.

원래 오네시모의 뜻은 '유익한 자, 도움이 되는 사람'입니다. 비록 부모가 노예이기는 했지만, 오네시모에게는 '넌 세상의 유익한, 기쁨이 되는 사람이 되거라'라는 소망이 있었던 거죠. 남에게 아픔과 실망을 주던 사람이 드디어 부모의 기대대로, 남에게 유익이 되는 사람이 되었습니다.

하나님은 여러분에게 기대하는 것이 있습니다. 우리는 나로 인해 다른 사람이 복을 받는 축복의 통로가 되어야 합니다. 사도 바울처럼 나도 살고 너도 사는 인생, 할 수만 있다면 이런 인생이 가장 좋은 인생입니다. 자기를 만난 오네시모도 변화시키는 삶 말이죠.

여러분 때문에 직장동료와 자녀들 그리고 더 나아가 사회가 변화되길 바랍니다. 하나님은 많은 사람들을 데리고 일하시는 게 아닙니다. 리더를 세우고, 그 리더의 영향력으로 주위를 변화시킵니다. 다른 사람들이 나처럼 열심히 하지 않는다고 원망하지 마시길 바랍니다. 그것이 하나님의 방법이기 때문입니다.

용기 있는 결정을 내린 오네시모

오네시모가 어떻게 변했습니까? 도망자에서 귀가자로 변했습니다. 사실 종노릇하는 게 죽기보다 싫었을 수도 있습니다. 하지만 감옥을 나오고 나서 오네시모는 주인에게 돌아갑니다.

오네시모는 회개하고 난 후 이런 생각이 들었을 겁니다.

'난 전 주인에게 많은 잘못을 했어. 가서 용서를 구하고 그를 다시 충성스럽게 섬겨야 겠어' 라고요. 사도 바울이 안 가겠다는 오네시모를 억지로 보낸 것이 아니라 오네시모 스스로 그런 결정을 내린 것입니다.

오네시모 당시에 그 지방에는 노예가 6천만 명 이상 살고 있었습니다. 노예를 '영혼 없는 동물'로 생각하고 그들을 다루는 법 또한 엄격했습니다. 그래서 노예가 조금만 잘 못하면 가차 없이 혹독한 처벌을 내렸습니다. 이런 상황을 오네시모가 모를 리 없었을 겁니다. 동료들이 당했던 그 모진 수난을 그는 두 눈으로 생생하게 기억하고 있었을 겁니다.

자신도 주인에게 돌아갔을 때, 어떤 일이 벌어질지 누구보다도 잘 알고 있었다는 말이죠. 그럼에도 불구하고 오네시모는 '나는 내 주인에게 돌아가겠습니다'라고 사도 바울에게 말했습니다. 이것은 이성과 감정의 힘이 아닙니다. 복음의 힘이 그를 변화시킨 것입니다. 지금 이 오네시모는 목숨을 건 결단을 합니다. 삶이 변화하니 죽음과도 맞닥뜨릴 수 있는 용기가 생긴 것입니다.

복음으로 회개한 오네시모는 이제는 어떠한 고통에서도 자신을 지켜주실 하나님의 영광을 위해 용기 있는 결단을 내렸습니다. 우리에게도 이런 변화가 나타나야 합니다.

복음 안에서 삶이 변화하니, 용기가 생겼습니다. 더 크고 가치있는 것을 지키기 위해 목숨까지 포기할 수 있는 그런 용기 말입니다.

▌ QUESTION of the COURAGE

1 당신은 말에 지배받으며 하루하루 살아가고 있지 않습니까? 말에 의해 곤혹스러운 상황에 처한 적은 언제입니까?

2 당신은 하나님께서 주신 것들을 감사함으로 받아드리고 있습니까?

3 당신은 미래를 바라보면서 현재의 고통을 참고 이겨내고 있습니까?

4 당신이 현재 배우고 있는 것은 무엇입니까? 그리고 그 배움의 목적이 뚜렷합니까?

5 당신은 세상의 불의와 악습에 대항할 용기를 가지고 있습니까? 그렇지 않다면 그 이유는 무엇입니까?

4

ACTION
지금 당장 움직이는 삶

나침반의 바늘은 정북극을 가리키기 전에는 결코 쉬지 않습니다. 마찬가지로 우리가 예수님의 멍에를 매고 그 분 안에 머물기 전에는 쉼이란 존재하지 않을 것입니다. 예수를 닮기 위해 지금 행동하십시오. 그 안에 진정한 평화와 안식이 있습니다.

16

예수님의 제자가 되어 배웁시다

지혜를 얻고자 애쓰고 힘쓰는 사람이야말로 진정으로 현명한 사람이다.
자신이 그것을 이미 찾았다고 생각하는 사람은 어리석은 사람이다.
_ 페르시아 속담

마태복음 11장을 보면 '멍에를 매고 배우라'라는 말이 있습니다.
이 말은 '한 사람이 어떤 스승의 제자가 되어 배운다'는 뜻으로,
스승과 제자가 가르침을 주고받을 때를 은유적으로 표현한 말입
니다. 제자가 스승을 찾아와 "선생님의 제자가 되어 가르침을 받
겠습니다"라고 하면 스승은 제자에게 "멍에를 매고 배우겠느냐"
라고 묻습니다. 이 말에 "네, 그리 하겠습니다"라고 대답하는 것
은 다시 말해 '선생님이 가르치시는 목적대로 배우겠습니다'라
고 약속하는 것과 같지요.

지금 우리 시대의 모든 배움은 경쟁체제 아래에서 이뤄지고 있습니다. 다른 사람을 이기기 위한 '경쟁의 멍에'를 매고 있기 때문에 숨 돌릴 틈도 없이 치열하지요. 전 KBS 배구 해설위원 오관영 씨는 "운동의 가장 첫 번째 원칙은 힘을 빼는 것입니다"라고 말합니다. 즉, 언제 어디서든 원하는 방향으로 달려 갈 수 있는 민첩성을 유지하기 위해서는 온몸에 힘을 빼야 합니다. 그래야만 원하는 위치에서 자신이 원하는 수비와 공격을 자유자재로 해낼 수 있는 법이죠. 이는 어떤 운동에도 똑같이 적용되는 법칙이라 할 수 있습니다. 그래야 선수들이 제 실력을 발휘할 수 있기 때문입니다.

하지만 경기에 임하는 선수가 지나치게 경쟁을 의식하고 경쟁에서 이겨야 한다는 생각에 휩싸이면, 몸에 힘이 너무 많이 들어갑니다. 그렇게 되면 제 기량을 발휘할 수 없을뿐더러, 다른 사람을 바라볼 여유조차 잃어버립니다.

진정한 서비스는 상대방이 오케이할 때까지

진정한 서비스는 상대방이 오케이 할 때까지 책임지는 것입니다. 그런 면에서 본다면 복음도 일종의 서비스입니다. 어린 아이든 나이가 많으신 분이든 그 사람의 수준이나 연령, 눈높이에 맞추는 것입니다. 끝없이 상대가 원하는 데까지 그리스도의 복음을 전하는 것이 바로 기독교의 정수입니다.

교회도 마찬가지입니다. 그래서 저희 교회의 슬로건은 '불신자가 좋아하는 교회를 만들자'입니다. 수영장, 헬스장, 농구장, 배구장, 라켓볼 장을 만들어서 교회를 다니지 않는 사람들도 부담없이 방문할 수 있도록 교회 문턱을 낮춘 것도 바로 그 이유에서지요.

교회의 목적은 우리끼리 좋은 예배당에서 즐거워하는 데 있지 않습니다. 교회를 통해 단 한 사람이라도 복음을 접하게 하는 데 그 목적이 있습니다. 그 목적을 이루기 위해서는 복음을 접할 분들이 좋아하는 것을 해야 합니다. 다만 절대적인 진리는 바꿀 수 없습니다. 하지만 예수를 소개하는 것은 한 가지 방법만 고집하지 않고 양보할 필요가 있다고 생각합니다. 그들에게 오라고 하는 대신, 우리가 먼저 가면 안 됩니까? 지금 상황은 사실 서로 '누가 먼저 오나' 하고 버티고 있는 상황입니다. 그래서 제가 '우리 교회의 벽을 없애자'고 제의한 것입니다. 예수님도 우리가 만족할 때까지 끝없이 낮아지시지 않았습니까?

상대가 원하는 데까지 낮아지는 예수의 삶을 삽시다

'경쟁의 멍에'가 우리를 무겁고 고통스러운 짐을 짊어진 사람으로 만듭니다. 예수님은 "수고하고 무거운 짐 진 자들아, 다 내게로 오라"고 우리를 위로해주십니다. 경쟁의 멍에를 벗으면 우리는 주님이 주시는 안식과 쉼이라는 멍에를 맬 수 있습니다.

이 세상이 만들어낸 경쟁의 멍에를 벗어버리고 스스로 예수님이 주는 멍에를 받아야 합니다. 예수님의 멍에는 안식과 쉼을 줄 수 있습니다. 그분의 멍에는 경쟁의 멍에가 아니라 섬김의 멍에이기 때문입니다. '인자가 온 것은 섬김을 받으려 함이 아니요 도리어 섬기려 하고 자기 목숨을 많은 사람의 대속물로 주려 함이니라(마태 20 : 28)'라고 우리에게 이야기하고 있습니다. 그렇습니다. 예수님의 멍에는 섬김의 멍에입니다.

일등을 해서 다른 사람에게 섬김을 받는 '경쟁의 멍에'가 아니라 일등을 해서 남을 섬기는 '섬김의 멍에', 이것이 바로 예수님의 자세입니다.

섬김을 보여주는 정수는 십자가 사건입니다. 신이신 예수께서 인간의 모습으로 가장 가난하고 핍박받던 팔레스타인 땅에 오셔서 가장 낮은 자리에 선, 그분의 십자가는 섬김의 결정체라고 할 수 있습니다. 남을 위한 멍에에 자유가 있습니다. 주고 베풀면 얼마나 신나는 인생인지 모릅니다. 배워서, 돈벌어서, 자식을 잘 키워 결국 남을 위하고 행복하게 해주는 삶을 살 때 우리는 비로소 그분의 멍에를 매고 사는 것이 됩니다.

이렇게 살면 우리의 인생이 달라집니다. 물은 높은 곳에서 낮은 곳으로 쉼 없이 흐릅니다. 그러다 더 이상 내려갈 수 없는 곳에서 비로소 쉽니다. 우리 마음이 낮아지고 가난해질 때 비로소 그곳에 진정한 안식이 있는 것입니다. 그때부터 우리는 진정한 쉼을 얻을 수 있고, 그때부터가 평안의 시작입니다.

계집아이에서 아가씨, 한 마디가 인생을 변화시키다

사람을 변화시키는 데 사실 많은 것이 필요하지 않습니다. 때로는 거창하지 않은 말 한 마디로 충분할 때가 많습니다. 제가 예전에 감동 깊게 봤던 영화를 소개할까 합니다. 바로 '내 마음의 풍금'이라는 영화입니다. 극중 홍연(전도연 분)은 시골에서 가난하게 농사짓는 집의 맏딸이자 나이 많은 학생입니다. 어느 날 어머니가 밖에 나가면서 "애도 보고 불에 앉힌 밥도 잘 봐라" 하고 신신당부를 합니다. 하지만 홍연이는 밥이 다 타는지도 모르고 밖에서 동네 친구들과 고무줄놀이를 하느라 정신을 놓아버리죠.

어머니가 나중에 돌아와 어떻게 했겠습니까? 난리가 났습니다. 머리끝까지 화난 어머니가 몽둥이를 들고 홍연이를 때리려고 쫓아갔고, 놀란 홍연이는 어머니를 피해서 동구 밖으로 도망갔습니다. 엄마가 무서워 벌벌 떨면서도 '언제 다시 나를 불러줄까' 하면서 어머니를 기다렸던 거죠.

그렇게 도망치듯 간 동구 밖에서 홍연이는 새로운 선생님(이병헌 분)을 만났습니다. 새로운 선생님은 홍연이에게 '꼬마야', '저기요'가 아닌 '아가씨'라고 부르지요. 그러면서 학교의 위치를 물었던 것입니다. 그 선생님이 간 뒤, 홍연은 조금 전 자신을 불러주었던 선생님의 말과 목소리를 흉내내면서 좋아합니다. 아가씨라는 말…. 그 말 한 마디에 홍연은 어느새 성숙한 아가씨가 된 것입니다.

정북극을 가리키기 전에는 절대 쉬지 않는 나침반처럼

그렇다면 어떻게 해야 예수의 멍에를 맬 수 있을까요? 예수님을 배우면 됩니다. 예수님의 섬김의 마음을 배우면 우리는 그분의 멍에를 맬 수 있습니다. 그렇게 함으로써 비로소 목적이 있는 배움을 배우는 것입니다. 예수님은 수고와 희생을 위해 이 땅에 오셨습니다. 예수님이 십자가를 지시고 낮아지셨기 때문에 온 인류가 구원을 받고 다시 행복해지는 놀라운 일이 벌어진 것입니다.

여러분 또한 예수님의 진정한 섬김의 멍에 안에서 자유로워지기를 바랍니다.

나침반의 바늘은 정북극을 가리키기 전에는 결코 쉬지 않는다고 합니다. 우리가 예수님의 멍에를 매고 예수 그리스도 안에서 머물기 전에는 쉼이란 존재하지 않을 겁니다. 예수를 닮기 위해, 그분을 배우기 위해 피나는 노력을 하시길 바랍니다. 그곳에 안식이 있을 것입니다. 나침반이 정북극을 향하듯 여러분이 예수님을 향하고 있기 때문이지요.

17

한 우물을 파는 삶을 삽시다

우리는 자신을 어떻게 알 수 있을까?
그것은 생각을 통해서가 아니라 행동을 통해서다.
자신에게 주어진 일을 해보라. 그러면 자신이 누구인지 금방 안다.
_ 괴테

자신에게 주어진 것을 감사하는 마음으로 잘 활용하면 어디에서
나 인정받고 성공하는 삶을 살 수 있습니다. 김치 하나 잘 담궈서
'한국의 어머니'라는 칭송을 받는 분이 계신가 하면, 라면 하나
잘 끓여서 수십 억 부자가 된 분도 있습니다. 그리고 '석봉 토스
트'의 대표 김석봉 씨는 새벽마다 토스트 하나에 온갖 정성을 쏟
은 결과, 체인점을 수십 개나 거느린 벤처 사업가가 되었지요.

이처럼 자기 앞에 있는 오직 한 우물을 파야 우리는 성공할 수

있습니다. 얼마 전에 최일도 목사님 교회에서 열린 집회에 간 적이 있습니다. 집회 중간에 잠깐 목사님 서재에 가서 쉬고 있는데, 책상 위에 있는 이상한 것이 눈에 띄었습니다. 제 기억이 맞다면, 찢어지게 가난했던 70년대, 저희 집에서 라면 끓어먹다가 구멍이 뚫려 개밥그릇으로 사용하던 것과 비슷하게 생긴 냄비였습니다. 궁금해진 저는 "목사님, 저 찌그러진 냄비가 뭡니까?"라고 물었습니다. 그러자 최일도 목사님이 이렇게 말씀하셨습니다.

"제가 청량리에서 처음 노숙자들에게 라면을 끓여 먹일 때, 저 냄비를 사용했습니다. 지금은 형편이 나아져, 꽤 많은 사람들에게 식사를 드릴 수 있지만 그때는 저 냄비로 라면 하나 끓어서 대접하기가 힘들고 버거웠죠. 전 아직도 처음 그분들께 라면 끓어줄 때 그 마음을 잊어버리지 않기 위해서, 저걸 걸어놓고 마음을 다지곤 합니다."

자신에게 주어진 길을 묵묵히 가는 삶은 아름답습니다. 1,000가지의 번뜩이는 아이디어를 가지고 말로만 떠는 사람보다는 자신에게 주어진 한 가지 일에 충성하며, 비록 힘들고 어렵더라도 남들이 가지 않는 그 길을 가는 사람은 우리에게 큰 감동을 줍니다.

멋있는 인생을 살고자 하는 사람은 한 우물을 파라

인간은 모든 것을 완벽하게 잘 할 수 없습니다. 저도 인간인지라 못하는 게 한두 가지가 아닙니다마는 특히 글씨를 잘 못씁니다. 그림은 더더욱 못 그리고요. 운동과 말하는 것은 자신 있지만 글을 쓰거나 그림을 그려야 할 때면 괜히 주눅이 들곤 합니다.

이렇듯 인간의 부족함에도 불구하고 하나님은 한 가지라도 충성을 다하는 사람을 반드시 쓰십니다. 누구에게나 사명을 주시고 그 일을 해낼 수 있는 능력 또한 함께 주시는 것입니다. 바꿔 말하면, 세상에 필요 없는 사람은 아무도 없는 거죠. 하나님은 누구나 쓰시길 원하시고, 또 사용하십니다.

그러므로 하나님께 쓰임 받는 게 지극히 정상입니다. 파란 신호등에 횡단보도를 건너고, 빨간 신호등에는 멈춰서 기다리는 것이 정상이듯, 모든 사람들은 하나님 앞에 쓰임 받는 게 정상입니다.

멋진 인생을 누리고자 한다면, 한 우물만을 파시길 바랍니다. 한 가지만 잘하면 그것으로 얼마든지 성공할 수 있습니다. 전 개인적으로 마라토너 이봉주 선수를 참 좋아합니다. 머리에 숱은 없고 쌍꺼풀 수술에 실패한 듯 눈꺼풀이 축 처져 있지만 그는 저뿐만 아니라 대한민국의 영웅입니다. 외모가 남달라서, 학식이 뛰어나서가 아니라 그는 오직 한 우물만을 팠기 때문에 국민의 영웅이 된 것입니다.

우리 아이들의 능력, 하나만이라도 제대로 키워줍시다

지구상에 존재하는 직업 종류만 해도 20만 가지가 넘는다고 합니다. 그리고 시간이 지날수록 직업의 수는 계속 늘어나고 있습니다. 과거 직업의 수가 3, 4만 가지에 불과할 때는 판사나 의사가 되는 길만이 성공한 삶이라는 칭송을 받았지만 지금은 그때와 사회환경이 판이하게 다릅니다. 자신의 재능을 잘 발굴하고 그것만 발전시키면 누구나 인정받을 수 있는 세상이 된 것입니다.

하지만 우리나라의 교육은 어떻습니까? 부모들은 아이들을 슈퍼맨으로 만들려고 합니다. 피아노, 태권도, 바이올린 등 아이들은 학교를 마치자마자 정신없이 무엇인가를 배우러 다닙니다. 하지만 아이들이 커서도 이 모든 것을 다 완벽하게 소화할 수 있을까요? 오히려 저는 이런 아이들이 '모든 것을 다 아는 바보'가 되지 않을까 염려됩니다. 수십 가지의 특기를 배우지만 정작 할 줄 아는 것은 아무것도 없는 아이 말입니다. 이것은 남의 이야기가 아닌 바로 여러분의 이야기일 수도 있습니다. 대다수의 부모들이 내 아이가 어떤 적성을 가지고 있는지 고려하지도 않은 채 시시각각 변하는 세상의 코드에 따라 아이들에게 무조건 시키기만 합니다. 이때 가장 큰 피해자는 물론 아이들이지요.

우리나라에서 영미권 국가에 조기유학을 간 아이들이 2004년

기준으로 10만 명이 넘었다고 합니다. 뉴스에서는 기러기 아빠, 가정파탄, 외화유출 등의 얘기가 심심치 않게 들립니다. 그 뉴스들 중에서 유독 제 시선을 끈 이야기가 있었습니다. 미국에서 공부를 하는 아이들이 SAT라는 학력고사를 보려고 방학 때는 다시 한국으로 돌아와 족집게 과외를 한다는 뉴스였습니다. 족집게식 강의는 한국이 최고라나요? 그리고 다시 시험을 보러 미국에 간다는 것입니다. 도대체 이게 뭡니까? 정말 웃기지 않나요?

아들아, 넌 이렇게 자라다오

우리 사회의 비극은 부모들이 자녀 교육에 대한 긍지와 주관이 별로 없다는 데 있습니다. 부모들은 '나는 내 아이를 이렇게 키우겠다'라는 나름의 소신을 가져야 합니다.

저희 큰 아들이 현재 중학교 1학년인데 1학기를 마치고 대안학교에 갔습니다. 이 대안학교는 엄격한 학교입니다. 음성 산골짜기에 있어 부모가 찾아 가기도 힘들 뿐더러 학교 규정상 일주일에 한 번 밖에 방문이 허락되지 않는다고 합니다. 스쿨버스도 없고 제대로 된 시설도 갖추고 있지 않지요. 물론 교사도 아직은 많이 부족하고요.

하지만 저는 아이들은 조금이라도 어릴 때 좁디좁은 도시에서

지지고 볶는 것보다 밭 매고 고추 키우고, 재래식 화장실도 경험해 보는 것이 인생에 더 값진 경험이 될 거라고 믿습니다. 그래도 제 뜻대로만 아이에게 강요할 수 없으니, 학교입학을 결정하기 전 아들과 함께 그곳에 갔습니다. 그리고 이렇게 아들에게 이야기했습니다.

"아들아, 난 네가 이런 학교에서 공부했으면 좋겠어. 이 넓은 곳에서 마음껏 뛰어놀고 자연과 함께 호흡하기를 바란다. 배울 과목이 많지도 않아 오후 세 시만 되면 수업이 끝나. 공부를 못해도 좋으니 이런 아빠의 마음을 알고, 건강하게만 자라다오."

고맙게도 아들은 제 뜻에 따라주었습니다. 전 아들이 그곳에서 자연과 함께 생활하는 모습을 생각하면 저절로 기분이 좋아집니다. 흙을 밟아 손과 발은 좀 트더라도, 여름에는 얼굴이 까맣게 그을리더라도 그곳에서 제 아들이 더 많은 것을 배울 거라고 확신하기 때문에 아무 걱정이 없습니다.

하나님은 한 가지에만 충성해도 그 사람을 높이 쓰십니다. 한 우물을 파길 바랍니다. 여러분의 인생뿐만 아니라, 자녀들도 한 가지 일에 충성하며 최선을 다하도록 도와주십시오. 이 세상에는 아무 쓸데없이, 의미 없이 창조된 사람은 한 명도 없습니다. 우리

모두는 어딘가에 쓰일 목적으로 하나님께서 창조하셨습니다. 목적을 위해서 내 앞에 주어진 작은 일, 그것이 설령 보잘 것 없어 보인다 하더라도 거기에 충성하시길 바랍니다.

힘들지만 목적을 향해 최선을 다해 노를 저어 가는 것은, 우리가 다른 길을 가면서는 결코 맛볼 수 없는 기쁨과 환희를 가슴 가득히 채워줄 것입니다. 지금 당장 실천하십시오.

18

크고 넓은 마음을 가집시다

> 깊고 순수한 열망과 우리가 추구하는 삶의 목표가 서로 조화를 이룰 때,
> 우리의 삶은 강해질 것이며, 아름다운 멜로디가 울려퍼질 것이다.
> _ 알베르트 슈바이처

사람은 같은 말이라도 맛깔스럽게 잘 할 필요가 있습니다. 말을 잘 하자는 뜻이 단순하게 유창한 말솜씨를 갖자는 것은 아닙니다. 생각하고 말하자는 뜻이지요. 아무리 좋은 말도 생각 없이 그냥 하게 된다면 상대방에게 좋은 뜻으로 받아들여질 수 없는 법이죠.

생각 없이 하는 말이 얼마나 어처구니없는 것인지, 몇 가지 예를 들어보겠습니다. 연세가 99세인 할머니에게 "100세까지 사세요"라고 말하거나, 대머리 아저씨에게 "당신이 있어서 이 자리가 참 빛났습니다"라고 말하고, 남편에게 매일 맞는 아내에게 "남편

분이 무병장수하길 바랍니다"라고 말하며, 출소하는 전과자에게 "당신이 그리워질 겁니다. 다시 한번 꼭 들려주세요"라고 말합니다. 물론 우스운 예들이지만, 이런 실수를 안 한다는 보장은 없으니까요. 그만큼 우리는 상대방을 고려하면서 말하는 습관을 꼭 키워야 할 것입니다.

크고 넓은 마음을 가져라

하나님은 지혜뿐만 아니라 넓은 마음을 솔로몬에게 주셨습니다. 바닷가에 넓게 펼쳐져 있는 수많은 모래처럼 말입니다. 하나님은 마음이 넓은 자를 쓰십니다. 내 것은 다 버리고 새로운 마음이 되었을 때, 비로소 축복하십니다. 그러므로 마음을 열어 온 대지를 품을 수 있는 여유로운 사람이 되어야 합니다.

사람은 마음이 조급하면 평소에 잘 생각나는 것도 떠오르지 않을 때가 많습니다. 한 청년이 철야기도를 열심히 하고 있었는데, 그때 청년 앞에 귀신이 나타났습니다. 청년은 순간 너무 무서워서 기도가 제대로 되지 않았지요. 그런데 자신이 다니던 교회 목사님이 평소 자주 하시던 말씀이 떠올랐던 것입니다. "귀신은 찬송을 싫어한단다. 혹시 귀신을 만나거든 큰 소리로 찬송을 하거라" 하지만 청년이 너무 긴장을 한 나머지 평소에 즐겨 부르던 찬송이 하나도 생각나지 않았던 것이지요. 그래서 제발 한 곡만 생각나게 해달라고 기도했는데, 하나님께서 그 기도를 들으시고 그에게 찬송 하나를 떠오르게 했습니다. 청년은 두 손을 펼쳐 그 귀신에게 찬송하기 시작했습니다. "당신은 사랑받기 위해 태어난 사람. 당신의 삶 속에서 그 사랑 받고 있지요…"

솔로몬처럼 넓은 마음을 가지십시오. 즉, 꿈(vision)을 꾸라는 말입니다. 솔로몬이 얼마나 큰 꿈을 꾸었습니까? 그는 인류 역사상 최대의 성전을 지어야겠다고 결심했습니다.

이 사실을 신하들에게 말했을 당시, 말도 안 되는 소리라는 비아냥거림을 받았거나 적극적인 반대에 부딪혔을 수도 있습니다. 하지만 솔로몬은 꿈을 꾸었기 때문에 자신의 꿈대로 이루었습니다. 꿈을 꾸되 그냥 그러저럭 폼나는 성전을 지어야겠다는 막연한 꿈이 아니라, 세상에서 가장 아름답고 위대한 성전을 지어야겠다고 생각했기에 그대로 이룰 수 있었던 것이지요. 마음을 넓게 가지니 저절로 꿈도, 생각도, 행동도 커졌습니다.

마음을 넓히면 잘 판단하게 하게 됩니다

앞에서도 말씀드렸듯이 여러분에게 주위에서 일어나는 사건보다는 해석이 중요합니다. 혹시 아픔과 고난의 파도가 밀려옵니까? 좋게 바라보십시오. 긍정적으로 바라보는 순간 고난이 축복으로 바뀔 것입니다. 그렇게 생각하면 자연히 걱정거리는 사라지게 됩니다.

어느 한 바보가 길을 걸으면서 계속 울었다, 웃었다를 반복하자 지나가던 사람이 그 바보를 유심히 살펴봤는데, 보자마자 그 이유를 알 수 있었다고 합니다. 바보가 걸을 때 팔을 앞뒤로 왔다갔다 움직였는데, 팔이 앞에 있을 때는 "아, 내 팔이 여기 있네" 하고 좋아하다가 다시 팔이 뒤로 가면 "어, 팔이 없어졌네" 하고 울었다는 것이지요.

우스갯소리일지는 몰라도 이것이 바로 우리 인간의 모습입니다. 팔이 항상 몸에 붙어 있듯이, 하나님은 항상 우리 곁에서 계십니다. 그렇지만 우리는 잠깐 동안의 고난과 어려움이 닥쳐오면 그 사실을 잊고 절망하고 괴로워하지 않습니까? 팔이 아주 잠깐 뒤로 간 것뿐인데, "어, 팔이 없어졌네"라고 우는 바보처럼 말입니다.

실패하는 인생은 다름 아닌 부정적인 해석에서 출발합니다. 또 다른 예를 들어볼까요?

한 아버지와 아들이 사막에서 길을 잃었습니다. 부자는 살인적인 더위와 굶주림으로 탈진해 '이제는 죽어야 겠다'고 삶을 거의 포기한 상태였지요. 그런데 저 멀리서 무덤이 희미하게 보였습니다. 그러자 아들은 울면서 이렇게 말했습니다. "아버지, 우리도 얼마 안 있으면 죽어서 저렇게 무덤에 묻히겠죠?" 하지만 아버지의 생각은 달랐습니다. "아들아 아니다. 무덤이 있다는 말은 이 근처에 마을이 있다는 뜻이기도 하지. 이제 우리는 살 수 있어."

하나님은 사랑하는 자에게 비전을 주십니다

하나님은 사랑하는 사람에게 마음을 크게 준비하십니다. 큰 비전을 주시는 거죠. 그런 다음에는 하나님이 그 사람을 크게 쓰시는 것이지요. 그러므로 긍정적이고 사랑하는 마음을 갖도록 마음가짐을 바꿔야 합니다.

아브라함에게 하나님이 꿈을 주신 얘기를 할까 합니다. 100세가 넘도록 자손이 없었던 아브라함에게 하나님은 "하늘의 별 그리고 바다의 모래알처럼 네 자손이 많아지리라"라며 그에게 꿈을 주셨습니다. 결국 아브라함은 하나님이 주신 꿈을 믿고 지켜 그

꿈이 현실화됐지요. 꿈을 끝까지 간직하는 사람은 언젠가는 꿈처럼 됩니다. 꿈조차 못 꾸는 사람도 있는데, 여러분이 꾸는 꿈은 공짜입니다. 세금을 내라고 하는 사람은 없습니다.

하나님은 모세에게도 꿈을 주셨습니다. 애굽에서 고통당하는 내 백성을 인도하라는 꿈 말이죠. 모세의 인생은 하나님이 그런 꿈을 주신 80세부터 시작된 셈이죠.

여러분 인생의 전성기는 아직 오지 않았습니다. 하나님 앞에 꿈을 꾸는 그 순간이 바로 전성기인 것입니다. 좋은 날이 다 갔다고요? 아닙니다. 착각하지 마세요. 그날들은 좋은 날이 아니었습니다. 좋은 날처럼 보였을 뿐입니다. 진짜 축복은 꿈꾸는 그 시간부터 그대로 이뤄지는 것들임을 믿습니다.

어부인 베드로가 하루는 밤새 그물을 던졌는데 단 한 마리의 고기도 잡지 못했습니다. 철저하게 실패한 밤이었던 거죠. 그때 예수님께서 나타나 "베드로야, 깊은 곳에 그물을 내리거라"라고 말씀하십니다. 이에 베드로는 예수님 말씀에 순종해 그물을 던졌고, 그물 가득 넘치고 찢어질 만큼 많은 고기를 잡았습니다. 그런 베드로에게 예수님은 "앞으로 네가 사람을 낚는 어부가 되게 하리라"고 축복해 주십니다.

진짜 축복은 꿈이 시작될 때입니다. 고기를 많이 잡은 것이 축복이 아닙니다. 돈을 많이 버는 게 축복이 아닙니다. 그물에 낚인 물고기 때문에 꿈이 생겼습니다. 이것이 축복입니다.

에이브러햄 링컨은 책 한 권을 빌리려는 일념만으로 수 마일을 걸어갔습니다. '나는 공부할 것이며 준비할 것이다. 그러면 기회는 반드시 올 것이다.' 그는 늘 이렇게 다짐했습니다. 헬렌 켈러는 어렸을 때 시각과 청각을 잃었지만, 래드클리프 여자대학을 졸업하고, 여러 권의 책을 집필했으며, 강연을 하며 만나는 사람들에게 희망과 용기를 주었습니다. "삶은 모험을 빼면 아무것도 남지 않는다"고 그녀는 말했지요.

크고 넓은 마음을 가지십시오. 비전을 향해 달려가는 사람은 절대 혼자가 아닙니다. 하나님께서 반드시 그와 함께하시기 때문입니다.

19

깊이 있게 생각하고 깊이 있게 행동합시다

폭풍은 참나무가 더욱 뿌리를 깊게 박도록 한다.
_ 허버드

세상에는 아름다운 일이 참 많습니다. 그 사실을 느낄 수 있었던 이야기를 해드릴까 합니다.

저희 교회에는 장로님이 열일곱 분 계십니다. 이 장로님들의 평균 연세가 6, 70세인데, 어느 해 설날 아침에 저희 집에 오시겠다는 것입니다. 극구 사양을 했지만, 기어코 오시겠다고 하시더니 정말 열일곱 분의 장로님이 모두 다 저희 집에 오셨습니다. 그런데 더 난감한 것은 저에게 기어이 세배를 하겠다고 하신 것입니다.

"아니, 제가 어떻게 아버님 같으신 장로님들의 세배를 받을 수 있겠습니까?"라고 말하며 거절하고 말렸지만, "목사님이 아무리 젊다고 해도 우리의 영적인 아버지이신데…."라고 하시면서, 억지로 뒷다리를 걸어 저를 앉힌 다음, 저에게 열일곱 분이 동시에 세배를 하셨습니다. 너무 당황한 나머지 저도 맞절을 했지요.

하지만 맞절을 한 뒤에 도저히 일어날 수가 없었습니다. 쏟아지는 눈물과 벅차오르는 감격 때문에 한참을 그 자리에 그렇게 엎드려 있었던 것입니다. 아버님 같은 분들이 젊은 목사에게 건강하시라고, 그것도 열일곱 분들이 저에게 찾아오셔서, 세배까지 하시니 정말 어떻게 해야 할지 몸 둘 바를 몰랐습니다. 그분들이라고 고향과 자식들이 없겠습니까?

제가 엎드려서 우니 결국 장로님들도 함께 우셨습니다. "목사님 사랑합니다. 건강하세요." "장로님, 사랑합니다." 그분들의 깊은 마음과 행동에 전 새해 첫 날부터 무척 뿌듯한 마음을 가질 수 있었습니다.

뿌리 깊은 나무는 폭풍에 흔들리지 않습니다

폭풍과 싸우며 오랫동안 밑으로 자란 뿌리 깊은 나무는 천 년이 지나도 쓰러지지 않습니다. 이런 나무처럼 우리도 생각과 행동의 깊이를 키워야 합니다. 위로만 커져서는 성공을 하지 못하지요. 생각과 행동이 밑으로 자란 나무, 뿌리가 깊은 나무처럼 아래로 더 깊어질 때 우리는 성공할 수 있습니다.

깊은 영성을 가진 솔로몬은 인류 역사상 최고의 지혜서라고 칭송을 받는 잠언을 지었습니다. 날마다 묵상하고 하나님과 깊은 교제의 시간을 가졌기 때문에 위대한 글을 쓸 수 있었지요. 이처럼 깊이가 있을 때 그 깊이를 통해 우러나오는 말은 우리에게 크나큰 감동을 선사해줍니다. 솔로몬처럼 여러분의 말 한마디가 동시대의 사람은 물론, 후세대 사람들의 인생을 바꾸길 진심으로 바랍니다.

제가 잘 아는 사업가 중 지하수를 개발한 다음 그 물을 팔아 굉장한 성공을 거둔 분이 있습니다. 다른 사람들이 지하수를 개발하려다 포기한 곳도 그분이 가서 '여기를 뚫어라'라고 정한 자리에서는 꼭 지하수가 나왔다고 합니다. 그런데 저는 그 얘기를 듣자, 좀더 구체적인 비결을 알고 싶었습니다. 그래서 그분에게 비결을 여쭙자, 그분은 잠시 망설이다가 이렇게 이야기하셨습니다. "이거 아무에게나 잘 알려드리지 않지만, 목사님이라서 특별히 알려드리는 겁니다…. 전 무조건 물이 나올 때까지 팝니다."

그때 제가 무릎을 탁 치면서 깨달은 바가 있습니다. 어쩌면 단순무식해 보이지만 우리의 삶도 이와 마찬가지일 것 같다는 생각이 번쩍 들었던 것이지요. 성공할 때까지 노력하고, 하나님께 응답받을 때까지 기도하는 인생이 성공할 것이라는 생각 말입니다. 그러므로 불가능이란 없습니다.

깊이 있는 자세는 사랑입니다

우리는 생각과 말에 깊이가 있는 사람과는 몇 마디 나누지 않아도 감동을 받을 때가 많습니다. 하지만 깊이가 없는 사람과는 두 시간 이상 수다를 떨어도 무슨 이야기를 했는지 알기 힘듭니다. 화려한 수식어를 사용해 말을 안 해도, 말 한 마디로 상대방을 지배할 수 있는 힘. 이것이 바로 깊이의 힘입니다.

부부 간의 문제가 왜 생길까요? 상대방 입장에서 깊이 생각하지 않기 때문입니다. 상대방 입장에서 조금만 더 깊이 생각해보세요. 내가 먼저 사랑을 주지 않았다는 것은 알지 못한 채 상대방이 날 사랑하고 이해하길 바랐다는 것을 금방 깨닫게 될 겁니다. 아내와 남편을 깊이 헤아려보시길 바랍니다.

하나님은 우리를 겉모습만 보시고 평가하시지 않습니다. 우리를 깊이 보시고 사랑해주시는 겁니다.

　제가 책에서 읽은 감동적인 이야기를 하나 소개해 드리겠습니다. 어느 교회에서 '가족 찬송가 경연대회'가 열렸는데, 어떤 집사님 가정이 찬송을 부르다 가사를 틀려버린 것입니다. 연습을 그렇게 많이 했음에도 불구하고 막상 앞에 나가니 긴장이 돼 가사가 잘 생각나지 않았던 겁니다. 교인들은 그 집사님 가정의 실수에 다들 까르르 웃었습니다. 집사님은 노래를 마치고 화끈거리는 얼굴로 자리에 앉았지요.
　그 다음은 목사님 가정이 특송을 할 차례였습니다. 그런데 목사님도 그만 가사를 틀린 것입니다. 성도들은 좀 전에 있었던 집사님의 실수보다 더 크게 웃었습니다. 그러자 집사님은 '목사님 가정도 틀렸는데, 우리도 뭐, 충분히 그럴 수 있지' 하며 위로를 받았지요.

　그리고 한참 세월이 지나, 목사님이 돌아가시자 고인의 유품들을 하나하나 정리하던 부인은 일기에서 이런 글귀를 발견했습니다.
　"몇 년 몇 일 주일 저녁. 가족 찬송가 경연대회가 열렸다. 박 집사님 가정이 찬송을 부르다 가사를 틀렸다. 다음은 우리 차례였는데, 다 아는 가사를 일부러 틀리게 불렀다. 내 예상대로 교인들은 내가 틀리니 더 크게 웃었다. 그때 박 집사님은 안도의 한숨을 쉬었고, 곧 해바라기처럼 얼굴표정이 밝아졌다."

목사님의 일기에 적힌 것처럼 이것이 깊이 있는 사람의 자세입니다.

모든 것을 깊이 있게 보시길 바랍니다. 부모님의 마음도 깊이 헤아리세요. 깊이 생각하면 나를 행한 하나님의 위대한 사랑이 보이기 시작할 겁니다. 하나님은 내 생각보다 더 큰 생각을 가지고 계십니다.

모든 것을 내 입장에서 해석하면 안 됩니다

공주병에 걸린 한 할머니가 있었습니다. 어느 날 이 할머니가 길을 가고 있는데 "같이 가. 처녀"라고 외치는 어떤 젊은이의 목소리를 들었습니다. '이게 사람 볼 줄 아는구나'라고 생각한 할머니는 대답을 해주려고 보청기를 끼고 뒤를 돌아 봤습니다. 그런데 이게 왠일입니까? 그 소리는 생선을 파는 트럭에서 한 상인이 "갈치가 천 원"이라고 외치는 말이었던 겁니다.

조금 우스운 예지만, 이렇듯 모든 것을 내 입장에서 해석하면 안 됩니다. 하나님 입장에서, 그리고 상대방의 입장에서 생각해야 합니다. 우리 마음이 깊어지면, 자연스레 다른 사람의 입장에서 먼저 생각할 수도 있을 겁니다. 365일 진심으로 행복하시길 바랍니다. 과거로 돌아가면 안 됩니다. '부자가 될 것이다'는 미래의 계획이나 목적도 중요하지만, 실은 그 부를 어떻게 사용하느냐가 더 중요합니다.

들은 말씀 모두 좋게 생각하고 아름답게 해석하는 사람은 그 순간부터 자연히 행복해집니다. 성공은 이렇게 행복한 사람에게 찾아오는 것입니다. 아름다운 세상에서 행복한 삶을 사는 인생, 근사하지 않습니까? 지금 당장 우리의 시각을 바꿉시다.

20

사랑이 우리를 움직이게 합니다

내가 당신의 일을 대신 할 수 없고, 당신이 내 일을 대신 할 수는 없지만,
나와 당신이 함께 하나님을 위해 무언가 아름다운 일을 할 수 있다.
_ 머더 테레사

제가 지금까지 생생하게 기억하는 사건이 있습니다. 요즘은 대부분 교실에 피아노가 있지만 제가 초등학생일 때는 학교에 풍금이 하나밖에 없어서 그걸 음악시간마다 옮겼더랬습니다. 여하튼 그때 제가 유난히 좋아하는 노래가 있었는데, 바로 '미루나무 꼭대기에~ 조각 구름이 걸려 있네~'라고 시작하는 노래였지요. 마침 음악시간에 그 노래를 배워, 너무 신나서 열심히 따라 부르는데 갑자기 선생님이 가르치시는 걸 멈추시더니 몇몇 아이들을 지목해서 그 노래를 부르라고 시키는 것이었습니다. 그 몇몇

아이들 중 저도 포함돼서 마침내 제 차례가 되어 노래를 불렀는데, 제가 이 노래를 너무 좋아했던지라 정말 열심히 불렀던 것이지요.

그런데 선생님이 그렇게 열심히 제가 노래 부르는 것을 조금 들으시더니 "그만! 너 일루 나와봐!" 하시는 게 아닙니까. 그리고 앞에 나온 저에게 하시는 말씀이 "너, 목소리가 좀 이상한 것 같다. 자, 선생님이 짚어주는 대로 한번 소리를 내봐" 하셨습니다. 선생님이 풍금으로 '도'를 짚으시면, 제가 "도"라고 소리 내어 음을 부르고, 선생님이 '레'를 짚으시면, 제가 "레"라고 소리를 냈지요. 그런데 이상하게도 그 다음 음부터는 도대체 다른 음정이 안 짚이는 것이었습니다. 선생님이 몇 번이나 다시 가르쳐보려고 했지만 정말 이상하리만치 안 됐습니다.

학중아, 넌 어디 가서 절대 노래 부르지 말아라

그러자 결국 포기하신 듯 선생님이 "학중아, 너는 앞으로 어디 나가서 절대 노래는 부르지 말아라"고 말씀하셨는데, 그 순간 얼마나 부끄러웠는지 모릅니다. 친구들이 모두 깔깔대고, 선생님은 나를 쳐다보는데, 정말 쥐구멍이라도 있으면 숨어버리고 싶었습니다. 그 일이 있는 다음부터 저는 음악시간을 가장 싫어하게 됐지요. 노래도 안 불렀습니다. 입만 뻥긋댔지요. 그렇게 초등학교를 졸업하고 중학교에 들어갔는데, 중학교 2학년 때 제가 교회를 다니기 시작했습니다. 그런데 교회에서는 이상하게 찬송을 할 때 음을 잘 못 잡고 음치처럼 부르는 사람에게도 아무 말도 하지 않는다는 것이었지요. 못해도 좋으니 열심히 하면 된다는 게 목사님의 말씀이고, 하나님의 뜻이었던 것입니다.

제가 12년 목회를 하면서 잊을 수 없는 분들이 몇 분 있는데, 그 중에 한 분을 말씀드리고 싶습니다. 제가 개척교회를 세우고 심방을 다니는데, 그때는 작은 교회였고 따로 심방을 다니기 위해 모이는 사람들이 없었기 때문에, 저와 유일하게 동행하시는 분이 나이 드신 할머니 권사님이셨습니다. 이분은 한글을 못 읽으시는데, 그런 것은 전혀 상관없다는 듯이 참 열심히 기도하시면서 사셨지요. 너무나 추운 한 겨울에 제가 새벽 예배를 하러 예배당에 가면 항상 저보다 먼저 예배당 입구에 서서 저를 기다리다 가슴께에서 뭔가를 꺼내시는 것입니다. 그게 무엇인가하면, 따뜻하게 데운 슬리퍼였습니다. 그걸 저에게 꺼내 주시면서 하시는 말씀이 "우리 전도사님 새벽 예배드리러 오르는 길 따뜻하시라고 …."였습니다.

그런데 또 이 권사님이 같이 심방을 가면 말입니다. 심방을 간 그 집의 사람보다 더 열심히 기도하시는 겁니다. 그것뿐만이 아니라, 찬송할 때도 어찌나 우렁차고 크게 열심히 하시는지…. 사실 그 권사님이 정말 말도 못할 정도의 음치였는데도 말이지요. 그래서 찬송을 할 때마다 어찌나 민망하던지 말입니다. 가끔은 저도 모르게 그 권사님의 음에 맞춰 찬송하기도 했지요. 그때는 솔직히 '아이고, 너무 열심히 부르지 않으셔도 되는데…' 라고 생각했습니다. 하지만 지금 와서 생각해보면 노래 잘한다고 하는 사람들이 정말 듣기 좋고 딱딱 맞춰 찬송하는 것보다 그때 그 권사님의 찬송이 더 깊이 남고, 은혜로웠습니다. 이분의 찬송이 그렇게 은혜로운 이유는 바로 중심에서 우러나오는 것이기 때문입니다. 그 사실은 권사님이 찬송하시는 모습을 보면 알 수 있지요. 항상 찬송하실 때마다 눈물이 그렁그렁 맺혔으니까요. 그 눈물을 보면 아무리 거칠고 완고한 사람이라도 스르르 마음이 녹을 것 같았습니다. 음정도 가사도 박자도 틀린 찬송이지만, 그 찬송이 정말 소중하고 더 특별한 이유가 바로 거기에 있는 것입니다.

여러분, 잘 하는 것은 중요합니다. 잘해야 하고 정확하게 해야 합니다. 하지만 더 중요한 것은 은혜가 되게 해야 한다는 것입니다. 똑똑하고 제대로 해야 하는 것은 기본입니다. 그렇지만 더 중요한 것은 은혜가 있어야 한다는 것입니다.

너는 참 목소리가 좋구나

초등학교를 음치 딱지를 단 채 졸업하고 중학교 2학년, 여전히 노래하는 것을 꺼려하는 제가 교회에 처음 나갔을 때 교회에서 가장 먼저 저에게 시킨 것이 바로 성가대였습니다. 의외였지요. 하지만 교회 성가대 지휘자 선생님은 이렇게 말씀하셨습니다. "노래를 못할수록 더 크게 소리 내어 불러야 한다. 그리고 틀려도 좋으니 끝까지 불러라."

그래서 그동안 입만 뻥긋댔던 저는 틀려도 끝까지 크게 부르는 연습을 하기 시작했지요. 그 결과 성가대에서 제 옆에 서는 사람은 아무도 없게 됐습니다. 그렇게 1년이 지났는데, 어느 날 학교 음악시간에 마친 그날 배운 노래의 가사가 너무 좋아, 저도 모르게 소리를 내 노래를 불러버린 것입니다. 그런데 노래가 끝나고 반주를 하시던 선생님이 스르르 돌아서서 아이들을 보시더니 "방금 누구 목소리냐?" 하셨던 것이지요. 그제서야 제가 소리를 내버린 걸 알고서 '아이쿠! 걸렸구나' 했습니다. 그리고 누구 목소리냐고 묻는 선생님이 더 화를 내기 전에 제 목소리라고 말씀드렸지요. 선생님은 "방금 그 목소리가 너였어?"하셨고, 저는 스스로 음치라는 생각에 당연히 너무 후회되고 부끄러워서 대답했습니다. "네. 접니다."

그러자 선생님이 다시 한번 노래를 불러보라고 하시는 겁니다.

저는 어차피 일이 이렇게 된 이상 선생님 말씀을 듣자는 마음으로 노래를 불렀지요. 지금 생각해도 잘 부른 건 아니었습니다. 그런데 선생님께서 음정이 불안한 제 노래를 정말 끈질기게 들어주신 겁니다. 그만하라는 말씀도 안 하시고 말이지요. 저는 그때 중요한 두 가지 진리를 배웠습니다.

똑같은 선생님인데, 음치인 제 노래를 딱 한 소절 듣고는 "웬만하면 노래하지 말아라" 하는 선생님이 있는가 하면은 제 노래를 끝까지 들어주는 선생님이 있다는 사실이지요. 선생님에게는 학생에게 툭 던지는 말 한마디였겠지만 그 순간의 선택이 때로는 한 학생의 평생을 좌우할 수도 있습니다. 여하튼 제 노래를 끝까지 들어주신 선생님은 이런 말씀까지 해주셨습니다. "너는 목소리가 참 좋구나! 계속 연습하면 그 좋은 목소리로 멋진 노래를 부를 수 있겠구나." 그 말씀에 합창단까지 들어갔지요. 그곳에서도 선생님은 저에게 못한다고 안 된다고 한 번도 말씀하지 않으셨습니다. 남들은 다 저를 보고 노래를 못한다고, 음치라고 계속 말했지만 그 선생님은 절대 그렇게 말하지 않았지요. 그 마음이 지금 생각하니 한 학생을 위하고 격려해주고 제 음악에 대한 마음을 잡아주고 싶은 선생님의 마음이었던 것입니다. 그래서 제가 어떻게 변했는지 아십니까? 다른 과목은 절대 예습, 복습은 안 해도 음악은 예습, 복습을 했습니다. 제가 그렇게 열심히 하니, 당연히 선생님도 저를 수제자처럼 아끼셨고 그런 과정을 통해 제가 하나하나 자신감을 가지니 나중에는 음정이 잡히고, 악보를 볼 수 있게 됐고, 고등학교 때는 지휘까지 하게 됐지요.

아무리 못난 사람이라도 가만히 그 사람을 들여다보면 그 사람에게도 재능이 있고, 가능성이 있습니다. 그러므로 모든 사람들에게 불가능이란 없습니다. 더불어 포기도 없습니다.

▌QUESTION of the ACTION

1 당신은 예수님의 제자가 되어 배울 준비가 돼 있습니까? 구체적으로 어떤 것을 갖춰야 할까요?
2 당신은 하나님께 한 가지 이상의 재능을 받았습니다. 그 재능을 잘 발휘하고 있습니까?
3 당신은 대지를 품을 만한 크고 넓은 마음을 가지고 있습니까? 사사로운 감정에 휩쓸려서 일을 그르친 적은 언제입니까?
4 당신은 매사에 남을 배려하고 깊이 있는 말과 행동을 하기 위해 노력하고 있습니까?
5 당신은 진정으로 가족과 동료, 나아가 인류 전체를 사랑하고 있습니까? 사랑을 실천하기 위해 지금 당장 해야 할 일은 무엇입니까?

5 CHANGE
더 높은 곳을 향한 변화

아무리 힘들고 어려워도 하나님의 방법으로 하면 승리합니다. 정직하지 못한 것과 타협하지 않고 끝까지 싸워 이기는 것, 그것이 하나님이 원하시는 방법이자, 세상을 변화시키는 힘이 됩니다.

21

환경을 바꾸는 힘은 당신에게 있습니다

사랑을 두려워하는 것은 삶을 두려워 하는 것이요,
삶을 두려워하는 자는 이미 죽은자와 다름 없다.
_ 버트란 러셀

모든 인생의 진리 가운데 우리가 꼭 알아야 될 것은 모든 삶의 과정에는 법칙이 있다는 것입니다. 반드시 법칙이라는 것 안에 모든 답이 있고 길이 있다는 사실을 아십시오. 법칙을 알면 지혜롭게 살고 승리할 수 있습니다. 예를 들어 음악이라는 것에도 법칙이 있는데, 그냥 음표를 오선지에 막 그려놓고서 그걸 연주한다고 음악이 되겠습니까? 3/4박자냐 4/4박자냐 하는 음악을 이끄는 일정한 박자가 있어야 하고 마디 안에 들어가야 할 음표가 있어야 하고 적당한 곳에는 또 쉼표가 있어야 합니다.

그런 법칙이 있어야 하고 그 법칙 아래에서 음악이라는 게 이루어지는 것입니다. 그냥 내가 하고 싶은 대로 한다고 해서 음악이 되는 게 아니죠. 같은 박자로 시작했으면 끝날 때도 같은 박자로 끝나야 아름다운 음악이라고 할 수 있지요. 그게 바로 법칙이지요.

우리의 생각이라는 것도 반드시 법칙이 있습니다. 사람이 인생을 살아간다는 것은 바로 '생각을 하고 산다'는 것을 뜻합니다. 여러분이 어디를 가고 어디에 앉아 있고 무엇을 하든 간에 그것은 모두 '생각의 결과'입니다. 지금 여러분이 입고 있는 옷도 아침에 '어떤 옷을 입을까' 생각하고 결정한 것이죠. 이처럼 생각은 모든 것을 결정하는 열쇠입니다. 성공과 실패를 부리는 주인이 누군지 아십니까? 바로 생각입니다. 생각은 모든 결과의 1차적인 원인입니다.

생각의 법을 뛰어 넘으면 결과는 놀랄 만한 기적으로 나타납니다. 생각의 폭은 모든 인간관계의 폭이며 생각의 넓이는 바로 여러분의 행동반경입니다. 우리는 생각 속에서 움직이고 살아갑니다.

긍정적으로 생각하면 반드시 길이 있습니다

생각이 바뀌면 인생이 바뀝니다. 운명을 바꾸고 싶습니까? 지긋지긋한 삶을 바꾸고 싶습니까? 생각을 바꾸십시오. 꿈을 이루고 싶습니까? 간단합니다. 생각을 바꾸십시오. 긍정적으로 생각을 바꾸면 반드시 길은 있습니다.

하루는 다섯 개의 손가락이 서로 싸우게 됐습니다. 서로 제일 잘나고 멋있다고 자랑하는 것입니다. 엄지는 "사람들이 '최고야! 넘버원!' 할 때 나를 쓰잖아. 그러니까 내가 최고야"라고 말하며 으스댔죠. 그러자 검지가 이렇게 말했습니다. "아니야! 사람들이 방향을 정할 때 뭔가를 가리킬 때 나를 쓰잖아. 그러니까 내가 최고야." 여기에 질세라 중지가 이렇게 말했죠. "쪼끄만 것들이 까불고 있어! 다섯 손가락 중에 내가 제일 키가 크잖아! 그러니까 내가 최고지!" 그때 약지가 조용히 말했지요. "얘들아. 거기까지만! 너희들! 사람들이 사랑해서 결혼하는 그 결정적인 순간, 반지를 어디에 끼우냐! 바로 나 아니냐!" 근데 가만히 듣고 있던 새끼손가락은 자랑할 게 없었단 말이죠. 기껏해야 코파고 귀파고…. 그래서 생각하고 생각하다 이렇게 소리쳤죠. "야! 너희들 나 없으면 병신 소리 들어!" 그렇죠. 그 말이 맞죠.

이렇게 생각을 바꾸면 행복하고 유쾌하게 살 수 있습니다. 새끼손가락처럼 말이죠.

사도 바울은 감옥에서 교인들에게 이렇게 편지를 썼습니다. "항상 기뻐하라. 내가 다시 말하니 항상 기뻐하라." 여러분, 감옥이 과연 기쁜 곳일까요? 감옥은 모든 것을 포기하고 절망하게 만드는 곳입니다. 기뻐할 것이라고는 아무것도 없는 곳이 바로 감옥입니다. 여러분 그러면 바울은 어떻게 이런 말을 할 수 있었을까요. 바로 긍정적인 생각을 하고 그 안에서 살았기 때문에 이런 말을 할 수 있었던 것입니다. 환경 때문에 내가 행복하고 불행한 게 아니라, 생각을 다르게 하면 그 좁은 감옥도 넓은 궁궐 같이 변하는 거고, 어두운 생각에 갇히면 넓은 정원과 궁궐에 둘러싸여도 감옥에서 사는 것과 같습니다.

생각이 환경을 만듭니다

여러분은 환경을 만들려고 하지 말고, 생각부터 바꾸길 바랍니다. 생각하는 모든 것은 현실 그대로 나타나게 마련입니다. 뭔가를 걱정하면 계속 걱정할 것밖에 없어요. 아픈 것만 생각하면 정말 아픈 것밖에 안 보이는 겁니다. 건강한 사람은 질병에 대해서 얘기하지 않아요. 먹으면서도 '이 음식 속에 세균이 있을까, 이 음식을 먹으면 콜레스테롤이 높아질까?' 의심하고 따지는 사람들은 꼭 병이 들어요. 근데 그냥 주는 대로 '감사합니다' 하고 먹는 사람은 정말 건강해요. 늘 아픈 것만 걱정하고 질병에만 관심 있는 사람은 결국 병을 앓습니다. 자기 생각이 늘 질병이나 아픈 것을 벗어나지 못하기 때문에 모든 신체 리듬이 흐려지고 결국 병을 만드는 것이란 말이죠. 문제만 생각하면 반드시 그 문제가 정말 생깁니다.

생각은 우리에게 현실로 나타납니다. 이 말을 뒤집어보면 내가 병들고 힘들 때 건강을 되찾는 생각을 하고, 가난하고 힘이 없을 때 성공하고 번영하는 생각을 하면 생각하는 것들이 실제로 나타난다는 말입니다. 생각을 하지 않고 그냥 행동하고 말해서 정말 어처구니없는 그런 일들을 예로 들어볼까요?

"다음주에 반상회 주최로 각 가정에서 필요없는 물건을 모아 이웃을 돕는 바자회를 열겠습니다. 잊지 말고 남편들을 꼭 데려오시기 바랍니다."

웃을 일이 아닙니다. 생각을 하고 살자고요. 생각하고 말하고 행동하면 그 인생은 만사형통입니다. 혹시 이 글을 읽는 독자 분들 중에도 나는 진짜 공부를 못해서 잘할 것도 없을 거라고 생각하는 사람이 있다면, 절대 그렇게 생각하지 마십시오. 생각을 바꾸면 결국에는 앞서갑니다. 고정관념, 생각을 바꾸면 그 바뀐 생각 속에서 지혜와 능력을 발견할 수 있고 다시 일어날 수 있습니다.

어둠 속에서 발견한 아버지의 빛

시각장애인으로서 미국 정책부 차관이 된 강영우 박사님라고 아시지요? 이 분은 중학교 때 사고로 중도 실명을 했는데, 1972 년에 한국인 최초로 시각장애인 유학생이 되어서 미국에 가서 박사가 되고 후에 백악관에서 국가 장애위원회 정책부 차관이 됐어요. 본인뿐만 아니라 두 아들도 명문대를 졸업하고 의사, 변호사가 됐습니다. 어느 날 제가 그 분을 인터뷰하게 됐는데, 이런 말씀을 하시더라고요.

하루는 어린 아들이 "아빠는 앞을 보지 못해서 같이 축구도 못하고 자전거도 못타잖아!" 라면서 아빠가 창피하고 싶다고 말하더랍니다. 그래서 박사님은 그날 저녁 아들이 잠들기 전에 이렇게 말해줬다고 합니다. "대신 아빠는 네가 잠들기 전에 불을 다

끄고 누워 있을 때 책을 읽어줄 수 있지 않니. 어두운 곳에서도 점자책으로 책을 읽을 수 있으니까. 네가 잘 잠들 수 있도록 불을 끄고서도 책을 읽어줄 수 있으니 참 감사한 일이야." 그리고 매일 같이 아이들이 잠들기 전에 어두운 방에서 책을 읽어줬다고 합니다.

그렇게 자란 아이들이 하버드 대학에 입학할 때 낸 에세이 제목이 '어둠 속에서 아버지가 읽어준 책들'이었는데, 바로 그 에세이가 입학할 때 매우 높은 점수를 얻었다고 합니다.

그 내용 중에 이런 내용이 있었답니다.

'아버지가 어둠 속에서 책을 읽어줬기 때문에 쉽게 잠들 수 있었을 뿐 아니라, 더 큰 상상의 나래를 펼칠 수 있었습니다. 두 눈을 뜬 내가 보지 못하는 세계를 아버지의 안내로 볼 수 있었습니다. 내 상상의 세계는 넓어졌고 창의력은 높아졌으며 내 비전은 더욱 또렷해졌습니다.'

결국 하버드 대학은 이 에세이를 본 뒤, 시각장애인을 아버지로 두고도 그를 누구보다 긍정적으로 존경하는 아들의 그 생각을 고귀하게 여겨 입학을 결정했습니다.

시각장애인이기 때문에 못하는 것만 생각하지 말고, 더 잘할 수 있는 것만 생각하세요. 사람은 마음에서 생각한 것이 자기 말이 되어서 나옵니다. 늘 인간을 미워하면 누구를 만나도 그 사람이 밉다는 감정만 말로 표현합니다. 말은 늘 평소 생각이 자연스럽게 배어나오는 표현방법이기 때문에 말하는 것을 보면 그 생각까지 알 수 있습니다. 그만큼 생각하는 것이 중요합니다. 생각을 바꿉시다. 무엇보다 중요한 것은 생각을 바꾸는 일입니다.

22

생각이 당신의 인생을 바꿉니다

인간은 자신이 결심한 만큼 행복해진다.
_ 링컨

마음은 내가 생각하는 것이 자연스럽게 표현되는 것입니다. 또 사람은 생각하는 것을 말하는데, 그렇기 때문에 말하는 것을 보면 그 사람의 생각과 수준을 알 수 있습니다.

하루는 어느 고3 수험생이 너무 공부를 열심히 하다 지쳐 책상에 엎드려 그대로 잠들었습니다. 그렇게 잠깐 잠든 꿈 속에서 천사가 나타나서 이렇게 물었어요. "천국이랑 지옥 중 어디를 갈래?" 그런데 이 고3 수험생이 "어디가 미달인가요?"라고 대답했답니다. 얼마나 평소에 대학에 대한 생각을 많이 했으면 꿈속에서도 대답을 그렇게 했겠습니까.

또 사수를 하고 있는 사수생이 있는데, 이 사수생은 떨어진다는 말만 들어도 경기를 일으켰다는 겁니다. 그래서 온 가족이 떨어진다는 말을 입 밖에도 꺼내지 않았는데, 하루는 사수생의 엄마가 아들 공부방에 들어갔다가 책상 밑에 볼펜이 떨어져 있는 것을 본 것입니다. 그래서 그걸 아들한테 말해주고 싶은데, 가만 생각해보니 '볼펜이 떨어졌다'고 하면 아들이 또 경기를 일으킬 것 같아서, 이렇게 이야기했답니다.

"아들! 그 책상 밑에 볼펜이 딱 붙었다!" 이거 말 되지 않습니까?

생각이 언어를 바꿉니다

생각이 우리의 언어를 바꿉니다. 제일 나쁜 건 그냥 남을 따라 하는 겁니다. 돈이 없어서, 인간관계가 복잡해서, 직장에서 일이 잘 안 되서…. 어려운 것에는 다 원인이 있습니다. 그 원인이 무엇일까요? 어려운 인생을 살 수밖에 없도록 말하기 때문입니다. 절대로 말을 함부로 하면 안 됩니다. 사람을 살리는 말을 해야 하고,

내가 들었을 때도 기쁘고 좋은 말을 해야 합니다. 왜냐하면 사람은 앞에서도 말했다시피 생각하는 것이 말로 나오기 때문이죠. 그리고 말하는 대로 살아가게 됩니다. 어떤 사람은 만날 때마다 이렇게 말합니다.

"미래가 확실치 않습니다. 직장도 확실하지 않고, 부부관계도 확실치 않아요"라고요.

이런 사람은 뭘 해도 확실하지 않습니다. 자신이 말하는 것에 자기 인생이 엮이는 거지요. 언어의 재료는 생각입니다. 생각이 말이라는 옷을 입고 드러나서, 운명이라는 길을 형성하는 것입니다. 우리의 운명이 마치 우리가 알지 못하는 힘에 의해서 결정되는 것처럼 착각할 수도 있지만, 사실 운명은 우리 말의 힘에 의해서 불려오는 결과입니다. 절망의 말은 절망의 운명이 됩니다. 날마다 현실에 감사하고, 날마다 할 수 있다고 말하고, 날마다 희망을 말하세요. 날마다 화목과 사랑을 말하십시오. 그러면 그렇게 될 것입니다.

히딩크 감독이 국가대표 감독이 됐을 때 선수들에게 제일 먼저 주문한 것이 바로 "생각하며 경기하라"였습니다. 이제까지 해왔던 대로만, 별 생각 없이 그대로 하면 앞으로도 달라지는 것은 없다는 뜻이죠. 그래서 결국 어떻게 됐습니까? 분명히 다른 결과가 있지 않았습니까? 그의 자유롭고 깊은 생각이 선수들의 기량을 최대한 끌어올렸고 대한민국의 월드컵 4강 진출을 이끌었던 것이죠.

생각이 바뀌면 삶의 태도도 바뀝니다

예전에 이런 일이 있었습니다. 미국이 발사한 고장난 우주선의 파편이 떨어질 것이라는 '스카이 랩 공포'의 보도가 나간 뒤, 컴퓨터로 정확히 측정한 결과 스카이 랩 파편이 호주에 떨어질 확률이 제일 높게 나왔다는 보도가 이어졌지요. 그때 호주 사람들은 '하필이면 왜 우리 땅에 떨어져? 하며 반은 불평했고 반은 '그게 우리 땅에 떨어지는 것이 얼마나 축복이냐. 오히려 우리 집에, 우리 밭에 떨어졌으면 좋겠다'고 했답니다. 후자의 생각을 한 사람들은 도대체 무슨 이유로 그랬던 것일까요?

'비록 고장난 파편의 우주선이지만, 우주선의 파편이 내 집 앞마당에 떨어지면 이곳 자체가 우주 전시장이 되는 게 아니냐' 하는 생각으로 그랬던 것이지요. 똑같은 스카이 랩 공포 앞에서 한쪽은 정말 부정적인 반응을 보이고 한쪽은 오히려 긍정적인 반응을 보였던 것입니다. 그래서 나사에서는 이런 광고를 했답니다. '우주선 파편을 가져오는 사람에게는 10만 달러를 주겠다.' 그러자 어느 호주 청년이 정말 그 파편을 가져다 줘 10만 달러를 벌었다는 것이지요.

이렇듯 생각이 바뀌면 태도가 바뀌는 것입니다. 그러니 태도만 바꾸려 하지 말고 생각부터 바꾸세요.

사람은 자신이 하는 것에 따라 좋은 일도 생기고 복을 받습니다. 인생의 문제가 크다고 낙심하지 말고 긍정적인 생각을 갖고 물리치고 이겨나가길 바랍니다. 아무리 넘기 힘든 큰 산이 있더라도, 우리가 긍정적인 생각만 갖고 있다면 그 산은 낮아지고 물러지고 평평해질 것입니다. 인생의 문제는 문제가 있어서 문제가 아니라 그 문제에 우리가 도전하지 않기 때문에 문제가 되는 것이라는 사실을 잊지 마시길 바랍니다. 도전하는 인생은 아름답습니다. 불가능이란 없습니다.

부산 태종대에 자살바위라고 있는데, 자살바위가 있는 곳에서 너무나 많은 사람들이 자살을 하니까 관할 경찰에서 고민을 했답니다. '어떻게 하면 자살하는 사람들의 마음을 돌리고, 자살률을 줄여볼까' 생각 끝에 이런 아이디어를 냈다고 해요. 자살바위 옆에 '한 번만 더 생각해보시오'라고 써서 세워놓은 거죠. 그랬더니 정말 효과가 있었다고 해요. 자살을 하려고 왔다가 그 팻말을 보고 '그래, 내가 죽을 각오로 살면 뭘 못하겠나…'라고 생각하고 발길을 돌린 사람들이 많아진 것이죠. 그런데 그것도 잠시, 다시 자살률이 높아진 것이 아닙니까? 누군가가 바위 옆에 있던 팻말을 빼서 입구 쪽에 꽂아놓은 것이죠. 그래서 자살바위를 찾아왔다 다시금 마음을 잡고 뒤돌아선 사람들이 입구 쪽에서 '한 번만 더 생각해보시오'라는 팻말을 보고 다시 자살을 결심하는 것이었습니다.

이 이야기를 한 이유는, 한 번만 더 생각하는 것도 좋은 생각을 해야 한다는 것을 강조하기 위해서입니다. 쓸데없는 생각이 여러분을 변화시켜서는 안 된다는걸 명심하세요.

생각이 당신의 운명을 바꿉니다.

23

유치한 순종이 당신과 세상을 변화시키는 힘이 됩니다

생각의 관점을 바꿀 수 있는 용기를 가져라. 그리고 변화하라!
_ 이케다 키요히코

진짜 승리는 내가 얻는 것이 아니라 남이 나에게 주는 것입니다. 구약성경에 나오는 기드온은 300명의 용사로 수십만의 적군들과 전쟁할 결심을 했습니다. 그리고 전쟁 전날 밤 하나님은 기드온에게 부하를 데리고 적을 정탐하라고 말씀하셨습니다. 그때 기드온은 깜짝 놀랄 만한 이야기를 듣습니다. 적군들은 이렇게 서로 속삭였던 것입다.

"아, 이 전쟁은 여호와 하나님께서 이미 기드온과 300용사에게 승리를 주었네. 우리는 아무래도 질 것 같아."

싸우기도 전 하나님은 기드온 손을 들어준 것입니다. '기드온이 결국에는 이길 거야. 우린 어차피 질 수밖에 없어'라는 생각을 적군에게 심어주었고, 전쟁도 시작하기 전 그들의 마음을 두렵게 했습니다.

300명이 어떻게 수십만과 싸워서 이기는가?

한 권투선수가 링 위에 올라가서 이런 생각을 합니다. '녀석의 눈은 독사 같고, 팔뚝은 해머보다 강력해 보여. 거기다가 주먹은 솥뚜껑보다 더 크고 투박하군.' 싸워보기도 전에 이런 생각을 하는 선수가 경기에서 이길 수 있겠습니까? 직접 상대와 맞닥뜨리기도 전 마음에 두려움을 가지고 있으면 그 싸움은 백전백패일 수밖에 없습니다.

기드온은 칼이나 활을 쓰지 않았습니다. 전쟁은 시작도 되지 않았습니다. 그런데 상대는 이미 전쟁을 포기한 것이죠.

기드온은 아마 이런 생각이 들었을 겁니다. '전략과 무기는 필요 없다. 하나님이 이미 적들의 마음을 두렵게 했기 때문에 나는 거기에 가기만 하면 된다. 내가 싸우는 게 아니라 하나님이 이미 이기도록 하셨어.'

우리 인생도 마찬가지입니다. 성공과 승리는 우리가 쟁취하는 게 아니라, 다른 사람이 우리에게 주는 것입니다. 내가 쟁취한 것은 빼앗은 것이지 진정한 승리가 아닙니다. 그런 의미에서 기드온은 승리를 받아냈습니다.

여러분도 이런 인생을 살기 바랍니다. 상대방이 싸우고 난 뒤 "미안해, 내가 졌어"라고 말해야 합니다. 이것이 이긴 것입니다. 상대가 인정하기 전에는 이긴 것이 아닙니다.

상대가 인정도 안 하는데, 자기 혼자서 '나는 참 괜찮은 사람이다'라고 아무리 생각해도 소용이 없습니다. 상대방에 마음이 움직여 그들이 인정하면 그때가 바로 진정으로 승리한 것입니다. 전쟁이나 경쟁에서 아무리 상대방을 이겼더라도 그들에게 "내가 비록 졌지만 당신을 존경합니다. 당신은 승자입니다"라는 말을 듣지 못하면 그것은 이겨도 이긴 것이 아닙니다. 혼자만의 승리일 뿐이죠.

상대방의 입장에서 행동해야 마음을 움직일 수 있습니다

낚시꾼에는 두 부류가 있습니다. 힘으로만 물고기를 낚는 낚시꾼이 있는가하면, 물고기처럼 생각하고 그것들의 생태나 습성을 이해하면서 낚는 낚시꾼이 있습니다. '내가 물고기라면 어떻게 했을까?' 라고 끊임없이 고민하는 낚시꾼이 정말 노련한 고수인 것입니다.

학생의 입장에서 생각하는 선생님, 고객의 입장에서 생각하는 사업가, 독자의 입장에서 생각하는 작가가 성공합니다. 그것이 성공한 사람의 비결입니다. 그들의 입장에서 이해하고 수준을 맞춰야 마음이 열리는 법이죠.

상대방의 마음을 움직여야 합니다.

남자라면 틀림없이 누구나 좋아하는 말이 하나 있습니다. "내가 평생을 살아봐도 당신처럼 카리스마 있는 사람은 못 봤어요." 이러면 대개의 남자들은 이렇게 이야기할 겁니다. "내가 한 카리스마 하지." 남자들에게 자기 힘을 과시하는 것은 대단히 중요합니다. 사람들 앞에서 '카리스마가 있다' 는 것에 대단한 자부심과 긍지를 갖습니다.

하지만 한 가지 알아두어야 할 점은, 카리스마는 자기에서 나오는 것이 아니라 상대방의 인정에서 나온다는 것입니다. 카리스마는 상대방이 느끼는 것입니다. 그런데 우리는 카리스마가 오로지 자기에게서 나오는 줄 압니다.

우리 인생의 승리도 똑같은 이치입니다. 인생의 진짜 승리는 우리가 얻어내려고 하면 할수록 힘이 듭니다. 하지만 우리는 자주 "내가 이겼어!"라고 우깁니다. 인생은 무조건 우기면 되는 고스톱 판이 아닙니다. 남이 나에게 주는 승리, 인정받는 승리. 이것이 바로 참 승리인 것이죠.

승리의 개념을 바꾸어야 합니다

우리나라에 제일 많은 직업이 무엇인줄 아십니까? 바로 목수입니다. 왜냐고요? 목수는 대패질을 잘하지 않습니까? 우리나라 사람들도 깎아내리길 너무 좋아하기 때문이죠. 세상을 살다보면 남을 높여주고 세워주기는커녕 자꾸 깎아내리는 사람을 많이 봅니다. 여러분, 대패질 그만 하시길 바랍니다.

무인도에 세 명의 남자가 갇혀서 며칠째 구조의 손길을 기다리고 있었습니다. 견디다 못한 세 명은 신께 기도하기 시작했지요. 그렇게 며칠을 간절히 기도했는데, 그 순간 하나님이 보낸 천사가 나타났습니다. "하나님이 날 보냈다. 소원을 말해봐라."

그말을 듣고 첫 번째 사람은 "빨리 가족들이 있는 집으로 가고 싶습니다"라고 말했습니다. 그러자 천사는 첫 번째 사람을 집으로 보냈습니다. 두 번째도 역시 집에 가고 싶다는 소원을 말했고 소원대로 됐습니다. 이제 세 번째 사람의 차례가 되자 세 번째 사람은 이렇게 이야기했습니다. "저는 집도 없고 가족도 없습니다. 그래서 무인도에서 앞에 두 사람과 같이 사는 것이 소망입니다." 그래서 두 사람이 다시 그 무인도로 돌아왔지요.

마을에서 가장 부자가 되길 기도하는 사람이 있었습니다. 그런 그가 몇 년을 기도해도 응답이 없자, 그 사람은 이렇게 기도를 바꿨다고 합니다. "이 마을 사람이 저보다 가난하게 해주세요"라고 말입니다.

위 두 이야기는 자기 욕심만을 위해 기도하는 표본을 보여 줍니다.

남이 잘 되는 것은 곧 내가 잘 되는 것입니다. 그리고 남이 잘 돼서 나를 올려주는 것이 내가 성공하는 것이지요. 깎아내리지 말고 남을 높여주세요. 반드시 그도 나를 높여줄 것입니다. 그게 바로 이기는 것이고요.

진정한 승리는 고상한 불순종보다 유치한 순종입니다

진정한 승리는 고상한 불순종보다는 유치한 순종을 하는 것입니다.

여기 물이 있는데, 99%가 물이고 1%의 독약이 들어 있습니다. 그렇다면 여러분은 이 물을 마실까요, 안 마실까요? 당연히 안 마시겠죠. 머리카락과 벌레가 있어도 마찬가지입니다.

우리가 하나님께 99% 순종하고 1% 불순종했다고 가정한다면, 그것은 순종이 아니고 불순종입니다. 일정수준을 넘었다고 스스로 위안을 가질 수 있다고요? 아닙니다. 100% 순종할 때만, 그때가 완전한 순종인 것입니다.

성경에 나오는 순종은 유치합니다. 가나 혼인잔치 때, 포도주를 만들기 위해 손 씻는 항아리에 물을 떠온 종들의 순종도, 문둥병이 나을 수 있다는 말에 요단강에서 일곱 번 목욕한 한 장군의 행동도, 인간적으로 보면 유치하기 그지 없습니다. 하지만 그 유치함을 받아들이는 사람이 이깁니다.

기드온의 300명의 용사도 '항아리 깨기 전법'이라는 해괴한 전략을 들고 적진으로 나갔습니다. 아무리 불가능해도 하나님께 순종한 것이죠. 기드온과 300명의 용사는 항아리를 깨면서 적들에게 달려갔습니다. 막강한 미디안 군대 앞에서 기드온의 300명의 용사들이 보여준 전략은 유치합니다. 아무리 양보해도 어림도 없습니다.

하지만 하나님은 유치하지만 순종했던 이 사람들을 사용하셨습니다. 기드온의 승리는 하나님이 주신 것입니다. '승리의 케이크'를 미리 만들어 놓으신 다음, '촛불은 네가 붙여라'라고 말씀하신 것과 같습니다.

순종이란 예수의 승리에 동참하는 것입니다. 하나님께서 다 만들었지만, '촛불은 네가 켜라'에 따르는 것이 바로 예수의 승리입니다.

어머니가 어린 아이들이 걸을 수 있도록 일으켜 세워주고, 한 발짝 한발짝 움직일 때마다 앞에서 박수칩니다. 하나님께 우리도 이 어린 아이 같습니다. 하나님이 우리를 일으켜주셨는데, 우리는 그 앞에서 박수를 받습니다.

내가 얻는 성공이 아니라 하나님이 주신 성공으로 살기 바랍니다. 그리고 하나님 앞에서 고매한 불순종보다 유치한 순종을 하길 바랍니다. 그것이 바로 어린 아이의 마음이자 하나님이 원하시는 마음이기 때문입니다. 유치한 순종이 세상을 바꿉니다.

24

남들과 조금 다른 생각이 세상을 변화시킵니다

당신이 변화하지 않는 한,
이미 갖고 있는 것 말고는 아무것도 얻을 수 없다.
_ 제임스 론

옛날에 박만득이라는 백정이 있었는데, 어느 날 양반 두 명이 그에게 고기를 사러 왔습니다. 그 중 한 양반은 평소 습관대로 "야, 만득아! 고기 한 근 다오"라고 말했습니다. 만득은 "네"하며 고기를 한 근 내 주었습니다.

다른 양반은 "박 서방, 고기 한 근 주게"라고 부드러운 음성으로 말했습니다. 그런데 그 고기는 언뜻 봐도 먼저 산 양반의 것보다 훨씬 더 커 보였습니다. 똑같이 한 근이라고 말했는데 차이가 많이 나자 앞의 양반이 화가 나 따졌지요.

"이놈아, 같은 한 근이라고 말했는데 왜 이 양반의 것은 많고 내 것은 왜 이렇게 적으냐?" 그러자 만득은 당연하다는 듯 이렇게 말했습니다. "손님 것은 만득이가 자른 것이고, 저 손님 것은 박 서방이 자른 것이기 때문에 그렇지요."

위의 내용은 여러분이 잘 아는 백정 박만득의 이야기입니다. '만득아'가 아니라 '박 서방'이라는 말 한 마디에 고기의 양이 달라진 것입니다. 이렇듯 말 한 마디가 그때그때 기분을 좌우하기도 하지만 어떤 때는 한 사람의 인생을 바꾸기도 합니다.

같은 뜻이라도 상대방에게 좋은 말을 해줘야 합니다. 여러분이 무심코 던진 한 마디가 사람의 인생을 바꿀지도 모르기 때문입니다.

저는 남들과 다르게 생각했을 뿐입니다

스스로 인생의 패배자가 되고 싶은 사람은 아마 아무도 없을 것입니다. 하지만 세상에는 분명히 승자와 패자가 있습니다. 처음에는 누구나 같은 조건에서 시작하지만, 시간이 지나고 나면 그 사람에 대한 평가가 달라지고 결과도 달라지지요. 그렇다면 어떻게 하면 우리가 꿈꾸는 인생의 승리자가 될 수 있을까요?

한고조 유방이 중국을 통일하기 전 일입니다. 여러 영웅들의 전쟁이 치열하게 전개되던 전국시대, 사람들은 재산을 모으기 위해 금을 사들이기 시작했습니다. 곡식값은 폭락하고 금값은 폭등하기 시작했지요. 그런데 이런 상황에서 정반대로 곡식을 사들이이가 있었습니다. 주위 사람들은 그 사람을 향해 '세상물정 모르는 바보 같은 사람'이라고 손가락질 했습니다. 하지만 전쟁이 끝날 기미는 보이지 않고 장기화되자 곧이어 식량부족 현상이 나타났습니다. 그러자 전쟁 초기와는 달리 곡식값은 폭등하고 금값은 하락하면서 곡식을 사들였던 그는 거대한 부를 축적할 수가 있었습니다.

전쟁 후, 한고조 유방은 이 소식을 듣고 그를 불렀습니다.

"너는 전쟁 중에 어떻게 이렇게 엄청난 부를 축적했느냐?" 유방이 묻자 그가 대답했습니다. "원칙에 충실하게 살고 정세를 잘 판단해 물건을 사고팔아 이윤을 얻었습니다."

"그렇다면 자네가 이야기하는 '정세를 판단했다'는 의미는 무엇인가?"

"사람들은 누구나 비슷한 생각을 하는데 저는 사람들과 달리 생각하려 노력했습니다. 저는 그것을 역발상이라고 합니다. 이 역발상을 통해 부를 얻었습니다."

여러분, 어떤 사람이 승리하겠습니까? 바로 역발상을 하는 사람입니다. 모두가 금을 살 때, 곡식을 살 수 있는 사람, 남들과 다르게 생각하려고 노력하는 사람이지요.

구약성경의 노아도 역발상을 한 사람입니다. 비 한 방울 내리지 않는 날, 노아는 비가 올 때를 대비해 산꼭대기에 배를 지어놓았습니다. 사람들은 노아를 향해 '미친 사람'이라고 손가락질 했지만, 노아는 40일간의 대홍수 속에서도 살아남았습니다.

보통 사람들이 생각하는 건 나도 생각할 수 있습니다. 하지만 반대로 내가 생각하는 것은 남들도 다 안다고 보면 됩니다. 그러므로 내가 생각하는 것만 가지고 남들과 경쟁할 수 없습니다. 경쟁이 안 된다는 말입니다.

남들과 달라야 합니다. 처음 목회하면서 '이건 나만 하는 거겠지'라는 생각을 많이 했지만, 조금 지나니 저보다 훨씬 뛰어난 사람들이 많다는 것을 알 수 있었습니다. 저는 거기에 비하면 아무것도 아니었습니다. 똑같은 방식으로 살면 절대 이길 수 없습니다. 성공하기 위해서는 중국의 부자처럼 역발상을 해야 합니다. 남들과 다른 행동, 남들이 가지 않는 길을 가는 것, 이것이 승리할 수 있는 전제조건입니다.

특히 기독교인은 보통의 세상 사람들과 같은 방식으로는 절대 다른 사람들을 이길 수 없습니다. 로비, 골프, 접대 등의 방법으로 비즈니스해서는 절대로 이길 수 없다는 것입니다. 그런 방법에 있어서는 비기독교인이 더 전문가인 경우가 많습니다. 같이 동등한 조건으로 경쟁하면 결과는 백전백패입니다.

하나님의 방법으로 해야 성공합니다

그렇다면 어떻게 해야 할까요? 결론부터 이야기하자면, 하나님의 방법으로 해야 합니다. 하나님이 정하신 승리의 방정식을 따라 인생을 풀어나가야 합니다. 예수의 방법으로, 하나님이 정해 놓으신 방법으로 세상을 사는 것이 필요합니다. 이것이 바로 기독교인의 역발상입니다.

앞에서 언급했듯이 기드온은 300명의 용사만으로 수십만 명의 적군들과 싸웠습니다. 그리고 승리했습니다. 어떻게 300명으로 어떻게 수십만 명을 이겼을까요? 자기가 세운 원칙에 충실했기 때문입니다. 정직하게, 성실하게, 우리의 원칙을 지키며 사는 것이 승리입니다. 눈앞에 이익을 따라 사는 것이 아니라 신조를 지키며 사는 것이 승리라는 거죠.

하나님이 우리와 함께하시면 숫자는 아무 상관이 없습니다. 이러한 믿음을 가지고 있는 사람을 하나님께서 고르고 고르다 보니 300명이 선택된 것입니다. 신앙의 핵심가치를 지키고 사는 사람은 절대로 무너지지 않습니다.

우리는 세상 사람이 못하는 역발상을 해야 합니다. 기드온의 300명 용사라면 어떠한 전쟁에서 이길 수 있다는 믿음을 가져야 합니다. 똑같이 해서는 안 됩니다. 다르게 살아야 합니다. 당신과 내가 다른 것처럼 하나님은 여러분이 다르길 원합니다.

미국에 머크라는 제약회사에서 바이옥스라는 약을 리콜한 적이 있습니다. 약이 이미 판매되고 있었지만, 심장에 부작용을 줄 수 있다는 연구결과가 나오자 엄청난 손실을 입음에도 불구하고 이러한 결정을 내렸습니다. 사실 심장병이 일어난 사람은 아주 극소수에 불과하고, 특히 우리나라에서는 아무런 일도 발생하지 않았는데도 말입니다. 그럼에도 불구하고 한 사람이라도 심장병이 일어날 수 있다는 가능성 때문에 엄청난 손실을 감수하면서 그 회사는 리콜을 감행했습니다. 그래서 전 세계에 판매되었던 바이옥스라는 약품은 모두 회수됐습니다.

이 회사의 핵심가치는 '고객의 필요를 만족시키고, 인류에게 이익될 때만 일을 한다'였습니다. 아무리 많은 돈이 들어도 그 신념을 지킨 셈이죠.

결국 이 회사가 어떻게 되었을까요? 망했을까요? 이 회사는 결코 망하지 않았습니다. 오히려 회사에 대한 고객의 신뢰도가 엄청나게 높아졌고, 주가도 예전보다 더 올랐습니다.

남들이 안 하는 방법으로 진실하게 사업해서 성공한 표본입니다. 아무리 힘들고 어려워도 하나님의 방법으로 하면 승리합니다. 정직하지 못한 것과는 타협하지 않고 끝까지 싸워 이기는 것, 그것이 역발상이고 하나님이 원하시는 방법입니다.

결심하십시오. 내 앞에 어떠한 비바람과 눈보라가 닥쳐온다고 해도 그 길을 가리라고요. 하나님은 세상과 다른 방법으로 생각하고 행동했던 기드온의 300명 용사를 오늘도 찾고 계십니다. 남들과 조금 다른 방법이 세상을 변화시키는 힘이 됩니다.

변화의 시작은 내가 좋아서
일할 때부터입니다

존재하는 것은 변화시켜야 한다. 변화시키는 것은 성숙하게 만드는 것이다.
_ 헨리 버그슨

목사들에게 월요일은 한 주간의 피로를 풀 수 있는 휴식의 날입니다. 하지만 언젠가 한번은 월요일에 익산에서 세미나가 있어 거기에 참석하기 위해 간 적이 있었습니다. 아침 일찍부터 강의가 있어, 새벽기도를 마치자마자 차를 몰고 익산으로 향해 갔습니다. 새벽부터 설친 덕에 조금 일찍 세미나 장소에 도착했고, 다소 여유 있게 세미나를 시작했습니다.

세 시간에 걸친 마지막 강의까지 끝내고 다른 목사님들의 박수를 받은 채 강단을 내려오는데, 갑자기 예상치 못한 일이 벌어졌습니다.

뒷자리에서 세미나를 참석하던 한 젊은 여성이 저에게 뛰어오면서, 저를 꽉 끌어안는 게 아닙니까? 그 여성은 "오빠"라는 외마디를 남긴 채, 계속 흐느꼈습니다. 당황한 저는 어쩔 줄 몰라 일단 그 여성을 진정시키려고 노력했죠.

"학중이 오빠 맞죠? 저 모르시겠어요?"

"죄송한데, 잘 모르겠는데요."

"그럼, 꽃 분식은 아시죠?"

그때서야 전 이 여성이 어렴풋이 떠올랐습니다. 그 여성은 꽃 분식에서 저와 같이 아르바이트를 하던 한 수줍던 소녀였던 것입니다.

자초지정은 이러합니다. 전 대학 입학 전, 꽃분식이라는 곳에서 잠시 아르바이트를 한 적이 있었습니다. 그중 여학생 몇몇이 있었는데, 그중 한 여학생이 저를 좋아했습니다. 저를 좋아하던 그 소녀가 바로 이 여성이고요. 이 소녀는 절 좋아하기는 했지만, 딱히 저에게 고백할 만한 용기가 없었습니다. 그래도 어떻게든 표현을 하긴 했어야 했는데, 한번은 이렇게 저에게 말을 건 적이 있었어요. "학중이 오빠, 어떻게 하면 효율적으로 공부를 할 수 있어요?" 그 물음이 저에게 관심의 표현이라는 것을 알면서도 전 태연하게 이렇게 대답했습니다. "응, 공부를 잘 하려면 지혜가 있어야 해. 근데 성경에서는 하나님을 아는 것이 지혜의 근본이라고 했잖니? 공부를 잘하려면 하나님을 알아야 하고, 하나님을 알려면 교회를 다녀야 해. 알겠지?"

그때부터 이 여학생은 교회를 다니기 시작했고, 이후 목사님의 부인이 되었던 것입니다. 그리고 남편을 따라 익산이라는 곳에서 교회를 개척해서 섬기고 있었습니다. 세월이 많이 지나 그녀는 그때의 일을 잊었습니다.

그런데 어느 날 이 세미나를 알리는 팸플릿을 보고, 제 얼굴을 기억하고는 남편과 같이 그곳에 온 것이죠. 저를 보는 순간 뭐라고 불러야 하기는 했는데, 뭐라 부를지 딱히 생각이 나질 않아, 학창시절을 떠올려 "오빠"라고 불렀던 것이지요.

이후 전 세미나 장소를 떠나 그녀의 남편이 시무하는 교회에 가서 축복기도를 드리고, 제 지갑에 있는 돈 중 만 원을 남기고 모두 헌금으로 드렸습니다. 아침, 점심, 저녁 한 끼도 못 먹어 배는 고프고 운전하느라 힘은 들었지만, 돌아오는 길이 어찌나 감격스럽던 지요. 전 그때의 감격을 아직도 잊을 수가 없습니다.

제가 좋아서 한 말인데, 그 여학생에게는 인생을 바꾸는 계기가 되었습니다. 그리고 결국에는 하나님께 영광이 되었고요.

내가 좋아서 하는 일을 하는 사람이 행복합니다

베들레헴에 살고 있던 한 가정이 기근을 피해 모압 지방으로 이사를 갑니다. 그 가정에는 아버지와 두 아들, 그리고 어머니와 두 며느리가 있었습니다. 그런데 이게 웬일입니까? 이사한 지 얼마 되지 않아, 그 집안에 남자 셋이 세상을 떠나고 맙니다. 졸지에 과부가 되어 버린 시어머니와 며느리들. 시어머니는 어느 날 두 며느리를 불러 이렇게 이야기합니다. "내가 고생하는 것은 괜찮지만, 너희들을 고생시킬 수는 없단다. 네 고향으로 돌아가거라."

이 말에 첫째 며느리는 자신이 살던 고향으로 돌아갑니다. 그런데 둘째 며느리는 시어머니의 이런 뜻에도 불구하고, 같이 남기로 결정합니다. 이 여성의 이름은 룻입니다. 외모 뿐만이 아니라, 마음까지 정말 아름다운 사람이었던 거죠.

그녀는 자신이 살던 고향을 떠나, 낯선 베들레헴에서 시어머니를 극진히 섬깁니다. 하지만 딱히 그녀가 생계를 위해 할 수 있는 일이 없었습니다. 단지 밭에 떨어진 이삭을 줍는 일밖에 없었던 거죠. 그래도 이 룻은 시어머니를 모시기 위해 새벽부터 밤늦게까지 열심히 이삭을 줍습니다. 누가 시켜서 한 일이 아니라, 자신이 좋아서 시어머니를 공경하기 위해 했던 일입니다. 이것이 행복입니다.

내가 좋아서 하는 일을 하는 사람이 바로 행복한 사람입니다. 룻은 그 홀로 된 시어머니를 생각하면 가슴이 뛰었습니다. 그러고는 창피한 줄도 모르고 열심히 이삭을 주웠던 거죠.

일을 하는 이유는 여러 가지겠지만, 가장 중요한 것은 내가 즐거워야 합니다. 억지로 마지못해서 하는 일은 절대 오래가지 않습니다.

미국에 카터 전 대통령이 임기를 마치고, 망치를 들고 집 없는 사람들을 위해 세계 어느 곳이라도 뛰어다니고 있었습니다. 얼마 전 한국에도 방문할 계기가 있었는데, 정부에서는 최고급 호텔과 만찬을 준비했습니다. 하지만 카터는 이렇게 이야기하며 모든 호의를 거절했습니다. "저는 미국에 전 대통령 신분으로 온 것이 아니라, 목수로 왔습니다." 그러고는 부인과 함께 대학교 기숙사에서 지내면서 한 여름을 보내고 갔다고 합니다.

나도 즐거워야 하지만 상대도 즐거워야 합니다

룻은 자기가 좋아서 한 일입니다. 그런데 룻이 그렇게 신나게 하니까 룻 때문에 주위 사람들도 즐거웠습니다. 내가 좋아하는 일인데 상대도 좋아하면 그것이야 말로 금상첨화입니다.

먼저 룻이 자기가 좋아서 열심히 하니 어머니가 정말 기뻐했습니다. '남편도 없이 나를 따라와서 이렇게 고생하구나, 잘 됐으면 좋겠다'라는 마음으로 시어머니는 룻을 위해 날마다 축복했습니다. 룻이 날마다 시어머니 앞에서 신세한탄만 하고 있었다면 그것을 듣고 있는 어머니의 마음은 어땠을까요?

그리고 곡식을 베던 다른 사람들도 룻의 행동에 감동했습니다. 마지막으로 밭의 주인인 보아스도 그녀의 효심에 깊은 감동을 받았습니다. 그리고 '저런 여자라면 내 아내가 되어도 좋겠구나'라고 생각하고 룻을 아내로 맞이했습니다.

이것이 축복의 끝이 아닙니다. 보아스와 룻의 결혼은 단지 한 쌍의 결혼이 아니라 결과적으로 인류 역사상 가장 중요한 분기점이 되는 만남이 되었던 거죠. 그들의 만남은 인류 역사를 바꾸었습니다. 이들을 통해 이후 오베스, 이새, 다윗, 솔로몬, 그리고 한참을 지나 예수님이 태어났기 때문입니다. 자신의 만남이 인류를 구원하는 예수님의 탄생으로까지 이어질지 보아스와 룻이 어떻게 알았겠습니까?

그들의 가문은 지구상 최고의 가문이 됐습니다.

자신이 좋고 즐거워서 일을 할 때, 주위 사람들과 내 자신이 변합니다. 변화라는 것은 우리와 멀리 있지 않습니다. 지금 여러분이 하고 있는 일을 즐겁게 하십시오. 남이 시켜서가 아니라 스스로 좋아서 하는 일, 그 일이 당신과 주위 사람들을 바꾸는 귀중한 계기가 될 것입니다.

▌ QUESTION of the CHANGE

1 당신은 지금 주어진 환경에 낙심하여 포기한 삶을 살고 있지는 않습니까? 어떻게 달라져야 할까요?

2 당신이 변화하는 데 있어 걸림돌은 무엇입니까? 그 걸림돌을 제거하기 위해 어떻게 해야 합니까?

3 당신은 부모님, 직장 상사나 동료, 그리고 배우자를 존중하고 있습니까?

4 당신은 항상 남들과 다른 독특하고 창의적인 생각을 하려고 노력하고 있습니까?

5 당신은 지금 하고 있는 일을 즐기고 있습니까? 그렇지 않다면 무엇이 문제일까요?

다음 칸 갑니다!

인터넷에 떠도는 이야기 하나 소개할까 합니다. 지하철에서 있었던 일입니다. 지하철 문이 열리고 한눈에 봐도 범상치 않은 차림의 사람이 큼지막한 가방을 하나 둘러메고 들어옵니다. 이윽고, 그 사람은 헛기침을 몇 번 하더니 손잡이를 양손에 쥐고 가방을 내려놓고는 이야기를 시작합니다.

"자, 여러분 안~녕하십니까"

"제가 이렇게 여러분 앞에 나선 이유는 가시는 걸음에 좋은 물건 하나 소개 드리고자 이렇게 나섰습니다"

"물건을 보여드리겠습니다"

"자 프라스틱 머리에 솔 달려 있습니다. 이게 무엇일까요?"

"칫~솔입니다"

"이걸 뭐 하려고 가지고 나왔을까요?"

"팔려고 나왔습니다"

"한 개에 200원씩 다섯 개 묶여 있습니다, 얼마일까요?"

"천~원입니다. 뒷면 돌려보겠습니다"

"영어 써 있습니다. 메이드 인 코리아. 이게 무슨 뜻일까요?"

"수출했다는 겁니다."

"수출이 잘 될까요?"

"망했습~니다"

"자, 그럼 여러분에게 한 개씩 돌려보겠습니다."

그리고 나서 그 사람은 칫솔을 사람들에게 돌립니다. 그렇게 칫솔을 다 돌리고 나서 그 사람은 다시 말을 합니다.

"자 여러분, 여기서 제가 몇 개나 팔 수 있을까요?"

"여러분도 궁금하시죠?"

"저도 궁금합니다. 잠시 후에 알려드리겠습니다"

그래서 결국 칫솔은 4개가 팔렸습니다. 그 사람은 또 다시 말을 했는데,

"자 여러분, 칫솔 4개 팔았습니다. 얼마 벌었을까요?"

"4천 원 벌었습니다"

"제가 실망했을까요? 안 했을까요?"

"예. 쉴~망했습니다"

"그렇다구 제가 여기서 포기하겠습니까?"

"다음 칸 갑니다!"

하면서 그 사람은 가방을 들고 유유히 다음 칸으로 갔다는 이야기 입니다. 남아 있는 사람들은 그제야 뒤집어지듯 웃기 시작했

다고 합니다. 그 사람의 이야기에서 희망이 무엇인지 느껴집니다.

희망은 언제나 우리가 포기하고 싶은 마음이 드는 그 다음 칸에 있는 것 같습니다. 그렇습니다. 지금 우리가 실망해도 희망은 다음 칸에서 우리를 기다립니다. 우리는 앞에 있는 장애물이 아니라 그 너머의 희망을 보는 혜안을 가져야 합니다.

아무쪼록 이제 이 책이 여러분에게 미래를 설계하는 디딤돌이 되길 바랍니다. 이 책을 읽은 독자들로 인해 지금까지 얽히고설킨 반목과 질시와 갈등이라는 사슬이 끊기고 희망으로 매진할 수 있는 기틀이 마련되기를 원합니다. 우리 이제 '절망신화'가 아닌 '희망신화'를 쏘아보도록 합시다.

지은이 소개 _ 김 학 중

지은이 김학중 목사는 한마디로 비전과 행복과 희망의 메신저이다. 그는 지금까지 하나님이 주신 비전과 삶에 희망과 행복을 전해주는 신선한 목회감각으로 한국 교회의 모범과 모델이 되는 교회를 만들어 가는 영적리더이다.

그는 매우 독특하다. 각종 방송 출연과 진행, 세미나, 강연, 친근함이 깃든 서적 출판 등을 통해 오히려 일반 대중들에게 인기있는 사회명사가 되었으며 레포츠(수영장, 헬스장, 스쿼시장, 옥사우나, 체육관 등)와 문화(문화센터, 콘서트장, 간이 동물원, 놀이방 등)를 향유할 수 있는 교회 시설물과 프로그램을 통해 교회 다니지 않는 사람들이 더 좋아하는 목사로 유명하다.

그는 그가 담임하는 새안산 교회를 통해 불신자가 좋아하는 교회로서의 신선한 패러다임 혁명을 일으키고 있으며 지역 사회는 물론 그의 메시지를 듣는 모든 사람들에게 행복과 희망을 전달하는데 열정을 쏟아 붙고 있다.

또한 그와 그의 교회는 한국 미래를 짊어질 영적 파워리더를 육성하는 꿈을 가지고 있다. 진행 중에 있는 학교 공동체를 통해 기독교 신앙을 바탕으로 참된 인격과 품성을 소유하고 국제적인 감각을 겸비한 지혜로운 미래의 인재들을 길러내고자 행복과 희망의 비전을 품고 있다.

저자에 대한 더 자세한 정보는 http://www.sas.or.kr에서 얻을 수 있다.

한언의 사명선언문

Our Mission ─· 우리는 새로운 지식을 창출, 전파하여 전 인류가 이를 공유케
함으로써 인류문화의 발전과 행복에 이바지한다.

─· 우리는 끊임없이 학습하는 조직으로서 자신과 조직의 발전
을 위해 쉼없이 노력하며, 궁극적으로는 세계적 컨텐츠 그룹
을 지향한다.

─· 우리는 정신적, 물질적으로 최고 수준의 복지를 실현하기 위
해 노력하며, 명실공히 초일류 사원들의 집합체로서 부끄럼없
이 행동한다.

Our Vision   한언은 컨텐츠 기업의 선도적 성공모델이 된다.

> 저희 한언인들은 위와 같은 사명을 항상 가슴 속에 간직하고
> 좋은 책을 만들기 위해 최선을 다하고 있습니다.
> 독자 여러분의 아낌없는 충고와 격려를 부탁드립니다.
> · 한언 가족 ·

HanEon's Mission statement

Our Mission ─· We create and broadcast new knowledge for the
advancement and happiness of the whole human
race.

─· We do our best to improve ourselves and the
organization, with the ultimate goal of striving to
be the best content group in the world.

─· We try to realize the highest quality of welfare
system in both mental and physical ways and we
behave in a manner that reflects our mission as
proud members of HanEon Community.

Our Vision   HanEon will be the leading Success Model of the
content group.